A SON ALTESSE ROYALE

MONSEIGNEUR
LE DUC D'ORLEANS.

ONSEIGNEUR,

Le plaisir que VOTRE ALTESSE ROYALE prend à la Musique, le goût & la parfaite connoissance qu'Elle y fait paroître, même dans les plus difficiles Compositions, me font prendre la liberté

* ij

EPISTRE.

de la suplier de trouver bon que j'honore de *SON*
NOM AUGUSTE ce Traité que j'acheve d'Im-
primer: *Quoiqu'il* soit assez juste, dans toutes ses
Regles, je suis bien persuadé qu'il suffira de dire
que *VOTRE ALTÈSSE ROYALE* ait jetté
les yeux dessus; & qu'Elle ait bien voulu le rece-
voir favorablement pour le faire approuver des plus
habiles. Je m'estimerois heureux, *MONSEIGNEUR*,
si je pouvois contribüer au plaisir de *VOTRE*
ALTESSE ROYALE, en ce qui concerne mon
Art: Je m'y applique avec beaucoup de soin, dans
l'esperance de me former de jour en jour des occasions
de l'aßûrer du profond respect avec lequel je suis,

MONSEIGNEUR,

DE VOTRE ALTESSE ROYALE,

Le tres humble & tres-
obéïssant serviteur,
C. BALLARD.

NOUVEAU TRAITE'

DES REGLES

POUR LA COMPOSITION

DE LA

MUSIQUE,

Par lequel on apprend à faire facilement un Chant fur des Paroles ; A compofer à 2. à 3. & à 4. Parties, &c. Et à chiffrer la Baffe-Continuë, fuivant l'ufage des meilleurs Auteurs.

Ouvrage tres-utile à ceux qui joüent de l'Orgue, du Clavecin, & du Théorbe.

Par C. MASSON, cy-devant Maître de Mufique de la Cathédrale de Châlons, en Champagne, & de S. Loüis de la Maifon Profeffe des RR.P Jefuites.

Troifiéme Edition, revûë & corrigée.

A PARIS,

Chez CHRISTOPHE BALLARD, feul Imprimeur du Roy pour la Mufique, rue S. Jean de Beauvais, au Mont-Parnaffe.

M. DCC V.

AVEC PRIVILEGE DU ROY.

AVERTISSEMENT.

ON ne trouvera dans ce Traité, ni curio-
sitez, ni termes des Anciens, difficiles &
embarraffans ; mais feulement ce qui eft utile
dans la Pratique.

Pour établir & expliquer les Regles qui y font,
je ne me fuis précifément attaché qu'à l'ufage
prefent, appuyé par les bons Auteurs Modernes,
& je l'ay fait de la maniére la plus fimple & la
plus intelligible qu'il m'a été poffible.

Je divife ce Traité en deux Parties. Dans la
premiére, en parlant de la Mélodie, j'apprens
à faire un Chant : Et dans la feconde, en traitant
de l'Harmonie, j'enfeigne la Compofition à plufieurs Parties.

Comme on n'avoit pas pris les vrais moyens
de rendre correcte la premiére Impreffion qui a
été faite de ce Livre, j'efpere que n'ayant rien
négligé pour la feconde, y ayant même mis un
plus grand nombre d'Exemples, corrigées avec
exactitude dans celle-cy, de quelques fautes qui
s'y étoient gliffées, tout y fera facile, & que
l'intention que j'ay d'aider ceux qui apprennent,
aura le fuccés que je me fuis propofé.

TABLE

Des Matiéres contenuës dans ce Traité.

Fin de la Table des Matiéres.

NOUVEAU

NOUVEAU TRAITE'

DES REGLES

DE LA

MUSIQUE.

PREMIERE PARTIE.

CHAPITRE PREMIER.

De la Musique.

 A Musique se d vise en Mélodie & en Harmonie.

La Mélodie est un Chant doux & agréable, qui se fait par une voix seule, cond it avec art & avec propreté, comme un Rec t. Elle est composée de Sons, de Tons, de Demi-Tons, d'Intervalles, & de la Mesure.

L'Harmonie est une union de plusieurs Sons différents, accordez & chantez ensemble avec art.

A

Du Son.

LE Son est l'objet de la Musique & le principe des Intervalles.

Du Ton & du Demi-ton.

LE mot de Ton se prend en plusieurs maniéres.

Quelquefois il signifie ce que nos Anciens ont appellé Mode, qu'ils ont mis au nombre de douze.

Quelquefois il signifie la difference qu'il y a d'un Demi-ton à un autre Demi-ton prochain, comme du *mi* au *fa*, & du *si* à l'*ut*.

Le Demi-ton majeur est composé de deux degrez differents.

EXEMPLE.

On appelle degré toutes les lignes & leurs espaces où les notes sont placées.

Le Ton est composé de deux Demi-tons, l'un majeur & l'autre mineur.

Le Demi-ton mineur ne se trouve jamais que sur la même ligne ou dans le même espace, en haussant ou baissant une note par le moyen d'un béquarre ou d'un bémol.

EXEMPLE.

Dans l'étenduë de l'Octave il y a cinq tons & deux demi-tons majeurs ; Sçavoir *ut ré* ton : *ré mi* ton : *mi fa*

demi ton : *fa fol* ton : *fol la* ton : *la fi* ton : & *fi ut* demi-ton.

E X E M P L E.

Dans la même étenduë de l'octave il y a douze demi-tons, tant majeurs que mineurs, entre lesquels font compris *mi fa* & *fi ut* : Les autres demi-tons fe trouvent lors que l'on hauffe une note par un diéfe ou béquarre, ou qu'on la baiffe par un bémol.

E X E M P L E.

Des Intervalles.

L'Intervalle fe prend en plufieurs maniéres.

L'intervalle eft la diftance qui fe trouve entre deux ou trois voix qui chantent enfemble, dont l'une par exemple chante *ut*, l'autre *mi*, & la troifiéme *fol*.

L'Intervalle fe prend auffi pour la diftance qui fe rencontre lors qu'une voix aprés avoir chanté *ut*, paffe au *mi*, ou bien au *fa*, &c.

Il y a fept principaux Intervalles ; Sçavoir *feconde*, *ti rce*, *quarte*, *quinte*, *fixte*, *feptiéme & octave*.

Tous les autres Intervalles ne peuvent eft e que les repliques de ceux-cy qui font fimples : Par exemp'e, la neuviémé n'eft que la replique de la fecon e, la dixiéme n'eft que la replique de la tierce, &c.

Tous ces Intervalles fe divifent en juftes & en faux.

Les juftes fe divifent en majeurs & en mineurs.

Les faux fe divifent en fuperflus & en diminuez.

A ij

L'Intervalle d'une seconde majeure est composé d'un ton **A**.

L'Intervalle d'une seconde mineure est composé d'un demi-ton majeur **B**.

L'Intervalle d'une seconde superfluë est composé d'un ton & d'un demi-ton mineur **C**.

L'Intervalle d'une seconde diminuée est composé d'un demi-ton mineur **D**.

L'Intervalle d'une tierce majeure est composé de deux tons **E**.

L'Intervalle d'une tierce mineure est composé d'un ton, & d'un demi-ton majeur **F**.

L'Intervalle d'une tierce superfluë est composé de deux tons & d'un demi-ton mineur **G**.

L'Intervalle d'une tierce diminuée est composé de deux demi-tons majeurs **H**.

L'Intervalle d'une quarte est composé de deux tons & d'un demi-ton majeur **I**.

L'Intervalle d'une quarte superfluë, qu'on appélle aussi triton, est composé de trois tons **K**.

L'Intervalle d'une quarte diminuée est composé d'un ton & de deux demi-tons majeurs **L**.

L'Intervalle d'une quinte est composé de trois tons & d'un demi-ton majeur M.

L'Intervalle d'une quinte superfluë est composé de quatre tons N.

L'Intervalle d'une quinte diminuée, qu'on appelle fausse-quinte, est composé de deux tons & de deux demi-tons majeurs O.

M   N   O

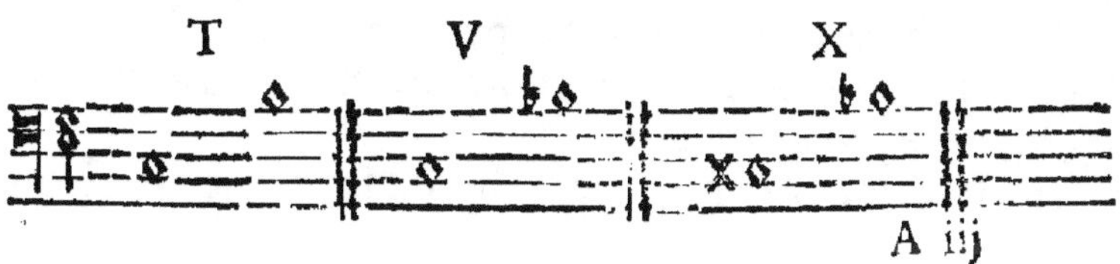

L'Intervalle d'une sixte majeure est composé de quatre tons & d'un demi-ton majeur P.

L'Intervalle d'une sixte mineure est composé de trois tons, & de deux demi-tons majeurs Q.

L'Intervalle d'une sixte superfluë est composé de cinq tons R.

L'Intervalle d'une sixte diminuée est composé de deux tons & de trois demi-tons majeurs S.

P   Q   R   S

L'Intervalle d'une septiéme majeure est composé de cinq tons & d'un demi-ton majeur T.

L'Intervalle d'une septiéme mineure de quatre tons & de deux demi-tons majeurs V.

L'Intervalle d'une septiéme diminuée est composée de trois tons & de trois demi-tons majeurs X.

T   V   X

L'Intervalle d'une octave eſt compoſé de cinq tóns & de deux demi-tons majeurs Y.

L'Intervalle d'une octave ſuperfluë eſt compoſé de ſix tons & d'un demi-ton mineur Z.

L'Intervalle d'une octave diminuée eſt compoſée de quatre tons & de trois demi-tons majeurs &

De la Meſure & de la différence de ſes mouvements.

LA Meſure eſt l'ame de la Muſique, puiſqu'elle fait agir avec tant de juſteſſe un grand nombre de Perſonnes, & que par la varieté de ſes mouvements elle peut encore émouvoir tant de differentes paſſions, pouvant calmer les unes & exciter les autres, ainſi qu'on l'a toûjours remarqué.

Quoyqu'il paroiſſe quantité de Meſures differentes, je crois qu'il eſt utile d'avertir qu'il n'y a que le nombre de deux & de trois qui les partagent, & que c'eſt par la viteſſe ou par la lenteur de ces deux mouvements que l'on apporte de la difference dans les Airs.

La Meſure à quatre temps & à deux temps ont rapport l'une à l'autre quant au nombre; cependant il y a quelque difference entre elles quant au mouvement.

La Meſure à quatre temps peut ſe battre de deux ſortes de mouvements, ſçavoir de mouvement *lent* & de mouvement *léger*.

La Meſure à deux temps peut ſe battre de quatre ſortes de mouvements, ſçavoir de mouvement *lent*, *léger*, *vite*, & *fort-vite*.

La Meſure à quatre temps vîte eſt la même choſe que

celle à deux temps lents ; parce qu'un temps de celle qui est lente dure deux temps de celle qui est vîte.

La Mesure à quatre temps lents n'a point d'autre rapport au mouvement de celle à deux temps que par le nombre.

La Mesure à quatre temps lents sert ordinairement dans le recitatif d'un Motet, d'un Opera, & quelquefois dans les Chœurs

Dans le recitatif d'un Motet on bat la Mesure, mais dans celuy d'un Opera on la néglige, parce que celuy qui bat la Mesure est obligé de suivre la voix afin de ne la pas gêner.

Dans le signe à deux temps, marqué par un C barré on bat la Mesure lentement ou à quatre temps vîte, aux Airs qui sont du caractere de l'Entrée d'APOLLON, dans l'Opera du TRIOMPHE de l'AMOUR.

Elle se bat légerement dans les Airs de *Gavotte* & *Gaillarde*, lesquels doivent estre marquez par le chiffre 2.

Elle se bat vîte dans les Airs de *Bourée* & de *Rigaudon*, qui doivent pareillement avoir un 2. au commencement, avec ce mot *vîte* écrit au dessus ou au dessous, pour marquer qu'ils sont d'un mouvement plus vîte que les precedents.

Elle se bat fort vîte dans les autres marquez ainsi $\frac{8}{4}$, comme l'Entrée des Bergers & Bergeres dans l'Opera de ROLAND.

Dans la Mesure à trois temps il y a cinq sortes de mouvements ; sçavoir *fort-grave*, *grave*, *leger*, *vîte* & *tres-vîte*

Quand il se trouve au commencement d'une Piéce un $\frac{3}{2}$, la Mesure doit se battre fort gravement.

Les *Sarabande*, *Passacaille* & *Courante* doivent se battre gravement.

La *Chaconne* se bat légerement, le *Menuet* vîte ; & le *Passepied.* tres-vîte.

On peut battre à deux temps inégaux ces trois der-
niers Airs, quoyqu'ils soient à trois temps ; Il est à remarquer qu'on met quelquefois trois noires pour un
temps ou une blanche avec un point, ou trois croches
seulement dans un temps, ou une noire avec un point,
ou l'équivalant : Par exemple, de deux Mesures d'un
Menuet les Maîtres de Danse n'en font qu'une à trois
temps lents & égaux : Au contraire les Maîtres de
Musique battent le Menuet à deux temps inégaux pour
chaque Mesure ; c'est à-dire qu'ils restent au premier
temps une fois davantage qu'au dernier.

De deux Mesures d'un Passepied les Maîtres de
Danses n'en font encore qu'une des deux ; les Maîtres
de Musique battent le Passepied à deux temps inégaux,
comme le Menuet & même la Chaconne si l'on veut,
excepté que l'un est plus vîte que l'autre, comme il est
dit cy-devant.

La *Loure*, qui a ordinairement pour signe $\frac{6}{4}$, doit se
battre à deux temps égaux lentement ; elle doit être
du même mouvement que la Mesure à deux temps
lents.

Les *Canaries* & la *Gigue*, qui ont pour signe $\frac{6}{8}$, se
battent à deux temps égaux : Il est bon de remarquer
que les Canaries se battent un peu plus vîte que la
Gigue.

La Gigue doit se battre de même mouvement que la
Bourée & le Rigaudon, & les Canaries doivent se bat-
tre du même mouvement que l'Entrée des Bergers &
Bergeres dans l'Opera de ROLAND, qui a pour signe $\frac{2}{4}$.

CHAPITRE SECOND.

Des Modes ou Tons.

PAr le mot de Mode ou Ton, on entend la maniére de commencer, conduire & conclure un Air sur certaines cordes ou notes propres à chaque Mode ou Ton.

Les Anciens se servoient du terme de Mode, mais la plus grande partie des Modernes ont mis en usage celuy de Ton en la place de celuy de Mode, à cause que les différentes maniéres des Chants de l'Eglise s'appellent Tons.

Mais afin de faciliter les moyens de parvenir plus promptement à la Composition, je ne montrerai que deux Modes, sçavoir le Mode majeur, & le Mode mineur : dautant que ces deux Modes posez quelquefois plus haut & quelquefois plus bas, renferment tout ce que l'Antiquité a enseigné, & même les huit Tons que l'on chante dans l'Eglise, excepté quelquesuns qui se trouvent irreguliers.

Il ne sera pas difficile de faire la difference du Mode majeur d'avec le mineur, parce que le Mode majeur procéde par la tierce majeure depuis la note finale jusqu'à la médiante, & le Mode mineur procéde par la tierce mineure depuis la note finale jusqu'à la médiante.

Ces deux Modes ont chacun trois notes, qu'on appelle cordes ou notes essentielles.

Il y en a une qui sert de fondement aux autres, & qui sert à finir toutes les Piéces de Musique ; c'est pour ce sujet qu'on l'appelle *Finale.*

La seconde s'appelle *Médiante,* & la troisiéme *Dominante.*

La note médiante est celle qui designe le Mode;
pour faire connoître s'il est majeur, ou s'il est mineur.

Notes essentielles du Mode majeur.

Notes essentielles du Mode mineur.

De la Nature des Modes.

LE Mode majeur en general est propre pour des
chants de joye; & le Mode mineur est propre
pour des sujets serieux ou tristes : de sorte qu'il n'y a
point de passion qu'on ne puisse exprimer par ces
deux Modes.

Exemples du Mode majeur sur toutes les cordes de la Gamme.

Exemples du Mode mineur sur toutes les cordes
de la Gamme.

finale.   médiante   dominante.

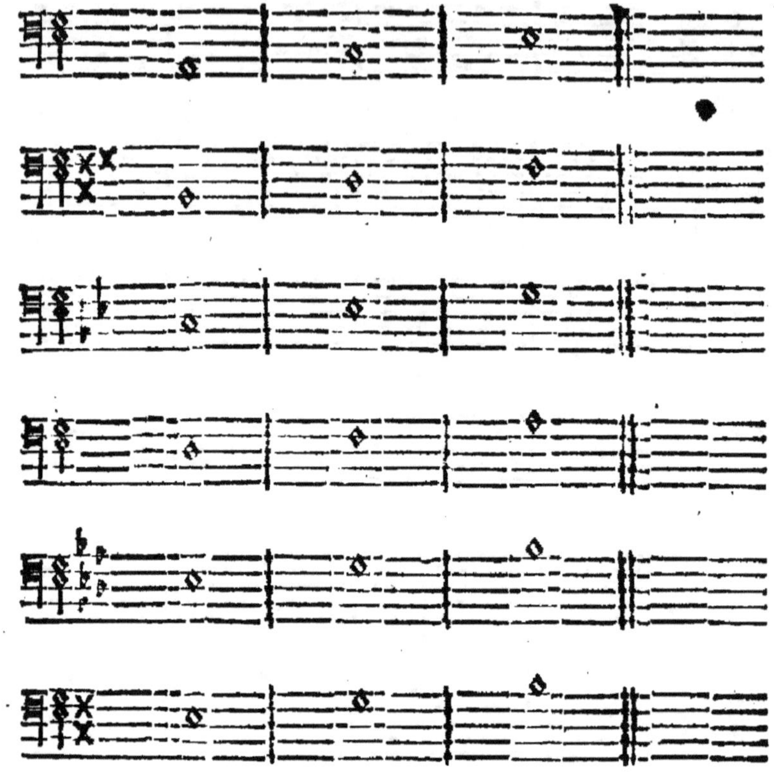

On pourra dire, pour faire entendre le Mode majeur, *Tierce majeure* ; & pour faire entendre le Mode
mineur, *Tierce mineure*, ou comme quelques personnes
disent, F *ut fa* béquarre, ou G *ré sol*, ou A *mi la*, *&c.*
à l'égard du majeur. F *ut fa* bémol, ou G *ré sol*, ou
A *mi la*, *&c.* à l'égard du mineur.

Quand on connoît bien la nature de chaque Mode,
il faut ensuite s'efforcer à inventer un chant sur les
cordes essentielles de l'un ou de l'autre Mode, ce
qui s'appelle *Sujet.*

CHAPITRE III.

Du Sujet.

DAns la Musique, Sujet n'est autre chose qu'un chant étudié, qui est produit principalement par la force de l'imagination.

Il faut distinguer deux sortes de Sujets ; l'un simple, libre & sans embarras ; l'autre d'imitation de chant, qui demande beaucoup d'application & de conduite, que l'on appelle Fugue : Et comme la Fugue est un des plus difficiles articles de la composition, je me reserve d'en parler ailleurs à fond : J'expliqueray seulement icy le Sujet simple, où l'on verra la maniére de faire un Air dans une partie de Basse, & pareillement dans une partie de Dessus en particulier, c'est-à-dire sans avoir égard à d'autres Parties, mais ce ne sera qu'aprés que j'auray parlé de toutes les differentes Parties, & des differents Chants dont on se sert dans la Musique.

On entend par une Basse, la Partie qui chante toûjours au dessous des autres : & par un Dessus, on peut entendre toute Partie superieure.

Des Parties.

IL y a ordinairement quatre Parties dans la Musique, qui sont *la Basse, la Taille, la Haute-Contre & le Dessus*, qui sont distinguées les unes des autres par la differente position des Clefs.

On y ajoûte quelquefois *un Bas-Dessus & une Basse-Taille*.

Pofition des Clefs pour les Voix.

1 Deffus. Bas-Deffus. Haute Contre. 1re Taille. Baffe-Taille. Baffe.
ou 2. Deffus.   ou H-T.   ou 2. Taille.

La Clef de G *ré fol* eft pofée fur la deuxiéme ligne
d'en bas pour le Deffus : on fe fert auffi indifferemment
de la Clef de C *fol ut*, fur la premiére ligne d'en bas au
lieu de la Clef de G *ré fol* pour le Deffus.

On doit remarquer que la Clef de G *ré fol* a plus d'é-
tenduë en haut qu'en bas ; & au contraire la Clef de
C *fol ut* en a plus en bas que celle de G *ré fol*.

Lors que les voix ont beaucoup d'étenduë en haut,
on fe fert des pofitions des Clefs fuivantes, qui
étoient fort en ufage parmy les Anciens.

Deffus.   Haute-Contre.   Taillé.   Baffe.

De l'étenduë qu'on doit donner à chaque Partie.

ON ne doit point donner plus de dix ou douze
notes d'étenduë à chaqu Partie, afin de ne pas
gêner les voix.

Suivant les premiéres pofitions des Clefs pour les
voix, à la Clef de G *ré fol* on ne doit pas monter plus
haut que l'A *mi la*, & encore ne doit-on toucher
cette corde ou note qu'en paffant.

La Haute-Contre ne doit pas paffer le B *fa fi*.

La Taille rarement le G *ré fol*.

La Baſſe rarement l'E *ſi mi*, & tout cela doit être reglé par la diſcretion du Compoſiteur.

Poſition des Clefs pour les Violons.

En Italie l'on poſe la Clef de G *ré ſol* ſur la deuxiéme ligne d'en bas pour le Deſſus de Violon.

CHAPITRE IV.

Des differents Chants.

IL y a trois ſortes de Chants ; ſçavoir le *Diatonique,* le *Chromatique* & l'*Enharmonique.* Le Diatonique eſt compoſé de ſept cordes ou notes principales. Le Chromatique eſt un Chant plus tendre, qui procéde par demi-tons majeurs & par demi-tons mineurs ; c'eſt de ces deux ſortes de Chants que nos Muſiques ſont compoſées. L'Enharmonique eſt un Chant qui ſe fa t par quarts de tons, celuy-cy n'eſt pas en uſage, à cauſe de la difficulté qu'il y a de le chanter.

CHAPITRE V.

Ce qu'il faut observer pour faire un Air ou de Basse ou de Dessus.

IL faut d'abord se proposer le Mode sur lequel on veut composer comme en F *ut fa*, en G *ré sol*, ou en A *mi la* ; &c. & se déterminer au Mode majeur ou au Mode mineur, par rapport au sujet sur lequel on veut travailler ; ensuite il faut poser la Clef, qui marque naturellement la qualité & l'étenduë de la voix qu'on veut faire chanter, & aprés la Clef, mettre le signe qui donne à connoître le mouvement de la mesure.

Avant que de poser le signe il faut prendre garde à celuy qui conviendra le mieux ou du 3. ou du 2. parce qu'il ne faut changer de mesure que le moins qu'il est possible, car c'est un deffaut d'en changer trop souvent.

Les deux ou trois prémiéres notes d'un Air doivent estre en commençant sur les cordes essentielles du Mode.

Une Basse commence ordinairement par la note finale, rarement par la dominante, jamais par la médiante.

Une Partie superieure peut commencer par la note finale, par la médiante & par la dominante.

Quand on commence par la finale, on peut procéder en montant à le médiante A, ou à la dominante B, ou à l'intervalle d'une octave C, & rarement à celuy d'une quarte D, ou par degré conjoint E ; Et dautant que les notes des cordes essentielles en commençant de cette maniére sont entremêlées d'autres notes qui

ne

ne font pas fur les cordes effentielles , le Compofiteur
eft averty de regler fi bien le commencement de fon
Air, que la premiére partie de chaque temps de la me
fure ne vienne point à tomber fur les notes entre-la-
cées, qui ne font pas notes effentielles, parce qu'il faut
(quand il y en a plufieurs dans un temps) que les effentielles foient toûjours fur la premiére partie du temps.

Pour démonftration de ces regles arrêtons-nous à
C *fol ut* , tierce majeure.

Ce n'eft pas qu'on ne puiffe employer quelquefois
la note qui fuit la note finale en montant, quoy qu'elle
ne foit pas une corde effentielle du Mode, & qu'elle fe
trouvât fur la premiére partie du temps de la mefure F;
mais il faut reprendre auffi-tôt les cordes effentielles
du Mode fur lequel on travaille.

Comme il eft également permis (en commençant
par la note finale) de defcendre ou de monter, ainfi on
peut tomber de la finale à la dominante G, de la finale
à la mediante H , ou à l'octave I, ou par degrez conjoints K, & rarement on doit defcendre à l'intervalle d'une quinte L.

On doit fçavoir que chaque Mode fur lequel on travaille un Air , (outre la finale, la médiante ou la dominante) a encore deux notes qui ont quelque rapport felon que le chant monte ou qu'il defcend, lefquelles joüiffent des mêmes privileges que les notes effentielles; c'eft-à-dire qu'il eft permis de faire fraper la première partie du temps de la mefure fur ces deux notes, de même que fur les notes effentielles du Mode.

La note qui a quelque rapport au Mode lorfque le chant monte , eft la note élevée d'une fixte au deffus de la finale; & la note qui a quelque rapport au Mode lorfque le chant defcend, eft la note qui eft immédiatement au deffous de la note finale.

L'Exemple pour la note lorfque le chant monte, eft cy-aprés marqué à la lettre N. L'Exemple pour la note lorfque le chant defcend, eft cy devant à la lettre K. J'y renvoye , afin de ne pas multiplier les Exemples.

Quand on fait commencer la Baffe par la dominante , on peut monter à l'octave de la finale M , ou monter par degrez conjoints N , ayant foin d'appuyer davantage fur la feconde note en montant que fur la troifiéme , parce qu'elle a rapport au Mode, comme je viens de dire.

Quand on commence un Air par la dominante pour defcendre , on peut procéder à la médiante O ou à la finale P , ou defcendre par degrez conjoints Q en évitant , comme il eft déja dit, de faire tomber les notes qui ne font pas effentielles au Mode , fur la première partie d'un temps de la mefure ; On peut quelquefois defcendre à la note qui eft au deffous de la finale R.

Ce n'est pas qu'on ne puiſſe (en commençant par la dominante) deſcendre ſur la note prochaine, quoy-qu'elle ne ſoit pas une corde eſſentielle, & qu'elle ſoit outre cela ſur la premiére partie d'un temps de la meſure S; mais enſuite il ne faut pas négliger de reprendre auſſi-tôt les cordes eſſentielles du Mode ſur lequel on travaille.

Aprés avoir expliqué le Mode majeur, je paſſe au mineur.

Il faut garder dans celuy-cy les mêmes regles que je viens de donner pour l'autre : car commençant une Baſſe ou une Partie ſuperieure par la finale, on peut procéder à la médiante ou à la dominante, &c.

Les Exemples ſuivants ſuppléront à la repetition des mêmes regles.

On peut aller de la finalé à une Sixte mineure dans
le Mode mineur.

En se servant des diéses & des bémols dans la suite
d'un Chant d'une seule Partie, il faut éviter de faire
l'intervalle d'une seconde superfluë, tant en montant
qu'en descendant.

E X E M P L E.

Mauvais.   Mauvais.

On doit remarquer que tous les repos qui se rencon-
tront dans un Air, doivent se trouver sur la première
partie du temps de la mesure en frappant ; Il en sera
parlé plus amplement dans la suite.

Aprés une exacte observation de ces regles qui ne
font qu'une introduction pour entrer dans la composition d'un Air, il faut en produisant un Chant de son
genie, parcourir tous les intervalles naturels ; On
peut encore se servir de ceux qui sont formez par le
moyen des diéses, béquarres & bémols, tant en montant qu'en descendant, excepté ceux qui sont cy-aprés
declarez. On ne pratique guéres les intervalles de
seconde superfluë, ni de *tierce diminuée*, tant en montant qu'en descendant.

On ne pratique jamais les intervalles de *tierce superfluë*, de *triton*, de *quinte*, de *sixiéme superfluë*, non
plus que de *sixiéme diminuée*.

On peut donner aux Parties superieures, tant en
montant qu'en descendant l'intervalle d'une quinte
diminuée ; dans les Basses, on ne leur donne point
l'intervalle d'une quinte diminuée en montant, mais
seulement en descendant.

On employe rarement l'intervalle d'une sixte majeu-re , tant en montant qu'en defcendant pour les voix , à caufe de la difficulté de l'intonation.

On peut donner l'intervalle d'une feptiéme majeure, mineure & même diminuée dans une Partie fuperieure en defcendant.

L'octave diminuée & l'octave fuperfluë font défen-duës.

Les Italiens pratiquent prefque tous les intervalles, tant dans leur Mufique Vocale , qu'Inftrumentale ; je croy qu'on les peut imiter dans l'inftrumentale & non dans la vocale.

Aprés avoir conduit quelque temps un Chant en montant & en defcendant , on doit faire une cadence.

CHAPITRE VI.

Des Cadences dans une feule Partie.

LE terme de Cadence , en fait de Compofition , eft different de celuy dont on fe fert dans le Chant.

Cadence, en matiére de Chant, n'eft qu'un agré-ment qui fe fait par la flexibilité ou le tremblement de la voix, ou de quelqu'inftrument ; & en matiére de Compofition, il fignifie *chûte* ou *concluſion* de Chant où les Parties viennent fe rendre, afin que le chant prenne fon repos avec le fens des paroles.

Par Cadence on entend deux notes chantées de fuite, provenant d'un chant dont la derniéra des deux notes doit fe trouver fur une des cordes effentielles du Mode que l'on traite.

Le Mode majeur a deux Cadences , & le Mode mineur en a trois.

B iij

Le Mode majeur en a une à la finale & l'autre à la dominante.

Le Mode mineure en a une à la finale, une autre à la médiante, la troisiéme à la dominante.

Les Cadences se font par degrez conjoints & par degrez disjoints.

Les Cadences qui se font par degrez conjoints se terminent à la derniére de deux notes quelquefois en descendant & quelquefois en montant.

Exemple de la Cadence par degrez conjoints
à la note finale.

Les petites notes noires qu'on voit dans les Exemples ne servent qu'à conduire simplement aux Cadences.

Les Cadences qui se font par degrez disjoints, tombent d'une quinte à la derniére des deux notes, ou elles y montent d'une quarte.

EXEMPLES.

Exemple de la Cadence par degrez conjoints
à la dominante.

Exemple de la Cadence par degrez disjoints
à la dominante.

Exemple de la Cadence par degrez conjoints
à la note finale dans le Mode mineur.

Exemple par degrez disjoints.

Exemple de la Cadence par degrez conjoints
à la note médiante.

Exemple par degrez disjoints.

Exemple de la Cadence par degrez conjoints
à la dominante.

Exemple par degrez disjoints.

Il y a encore une autre forte de Cadence qu'on peut
appeller irreguliére, commune au Mode majeur & au
Mode mineur & propre à la Baffe, qui fe fait à la
dominante par degrez disjoints, defcendant d'une
quarte ou montant d'une quinte : L'on voit qu'elle eft
differente de la précédente Cadence par degrez disjoints, en ce qu'elle defcend d'une quinte ou remonte
d'une quaite.

Exemple de la Cadence du Mode majeur.

Exemple de celle du Mode mineur.

Une Partie fuperieure peut terminer une Cadence
immediatement audeffus ou audeffous de la note

finale, tant dans le Mode majeur que dans le Mode mineur.

Exemple pour le Mode majeur.

Exemple pour le Mode mineur.

Les Parties superieures font toûjours leurs Gadences par degrez conjoints ; La Baſſe les fait ordinairement par degrez disjoints, & rarement par degrez conjoints ; Elle fait ſes Cadences par degrez conjoints, lorſqu'elle doit être accompagnée par une Baſſe-Continuë, à l'égard de laquelle elle eſt conſiderée comme Partie ſuperieure ; Mais elle fait ordinairement ſes Cadences par degrez disjoints dans les Chœurs de Muſique où elle ſert de fondement à toutes les Parties.

La Cadence finale ſert à finir toutes les Parties de Muſique.

La Cadence qui ſe termine à la dominante ſert à finir la premiére partie d'un Air & d'une Ouverture, celle qui ſe termine à la médiante dans le Mode mineur, & celle que j'ay appellé irréguliére y ſervent auſſi.

La Cadence qui ſe termine à une note audeſſus ou à une note audeſſous de la note finale dans une Partie ſuperieure, peut ſervir encore à finir la premiére Partie d'un Air & d'une Ouverture.

Dans le Mode majeur, aprés la Cadence à la dominante laquelle finit toûjours la premiére Partie d'un Air & d'une Ouverture, les cordes eſſentielles pour en

continuer la seconde partie, soit *sol si ré*, & non pas
ré mi sol.

Dans le Mode mineur, aprés la Cadence à la dominante, le Chant ne peut procéder que par *la ut mi* ; & aprés la Cadence à la médiante il ne peut continuer qu'en se servant de *fa la ut*.

Dans la suite d'une Piéce on peut faire des Cadences sur toutes les cordes du Mode que l'on traite, pourvû qu'elles soient preparées ; mais il n'en faut point faire deux de suite sur la même corde.

Quand on veut faire une Cadence qui n'est pas essentielle au Mode que l'on traite, on doit auparavant pratiquer les cordes qui sont essetielles par rapport à la Cadence ; c'est-à-dire les notes qui sont à une tierce & à une quinte de la note qui termine la Cadence, & il faut même quelquefois donner un diése ou un bémol à quelques notes, afin d'entrer tout-à-fait dans la modulation de la Cadence, comme plusieurs Exemples cy-devant l'ont fait voir.

CHAPITRE VII.

Ce qu'il faut observer quand on met des paroles en Chant.

ON doit avoir soin d'exprimer les syllabes du discours qui sont longues par des notes d'une valeur convenable, & celles qui sont bréves par des notes de moindre valeur ; en sorte que l'on en puisse entendre le nombre aussi aisément que par la prononciation d'un Déclamateur.

Il y a deux maniéres de mettre des paroles en Musique; La premiére est ce qu'on appelle Recitatif ou Recit de quelque Hiſtoire, comme dans les Opera & dans quelques Motets ; le chant en doit être plus parlant, pour ainſi dire, que chantant.

La ſeconde maniére eſt celle qui exprime une certaine reflexion en forme de Sentence ou Maxime, ce qu'on appelle communément Air ; & cette maniére doit poſſeder tout le beau chant, toute la tendreſſe, la gayeté & la douceur qu'il peut avoir par rapport au ſujet.

Quand on fait un Chant pour des paroles, il faut aller juſqu'à un ſens parfait avant que de faire des repétions ; c'eſt à-dire qu'on doit pourſuivre le Chant juſqu'au bout d'une phraſe ou d'une demi-phraſe, auparavant que d'entrer dans la repétion de quelques mots de la phraſe ; & quand on le fait, les mots doivent être bien propres & bien choiſis pour en rendre la répetition agréable.

Il faut avoir ſoin dans l'arangement des paroles que l'on met en meſure de regler ſi bien & ſi naturellement les choſes, que les paroles que l'on employe, lorſqu'elles font ou qu'elles paroiſſent avoir un ſens parfait, viennent preſque toûjours en frappant : Les Exemples qu'on en peut voir dans les bons Auteurs feront connoître la pratique de ces regles. En voicy deux tirez des Opera. *Quand on eſt aimé*, dans l'Opera d'AMADIS. *Non, non je ne puis plus ſouffrir*, dans celuy de PERSEE, dans leſquels endroits il faut remarquer qu'il y a un eſpéce de repos, & quelque ſorte de ſens à la fin des paroles, & que la derniére ſyllabe de chaque Exemple ſe rencontre ſur la premiére partie d'un temps de la meſure en frappant.

Il faut garder la même conduite dans les progréſ d'un Air : Les Cadences doivent être reglées de la même façon ; c'eſt-à-dire qu'il les faut faire finir le plus ſouvent en frappant.

L'expreſſion du Chant pour répondre à celles des

paroles, dépend de l'invention & du juste discernement du Compositeur; Cette expression étant soûtenuë & perfectionnée par une judicieuse diversité du mouvement de la mesure, a la force & la vertu de faire passer l'ame d'une passion à une autre ; ce qui est une preuve naturelle de la perfection d'un Ouvrage.

Fin de la première Partie.

SECONDE PARTIE.

CHAPITRE PREMIER.

De l'Harmonie.

N a dit, au commencement de la pré-
miére Partie, que l'Harmonie est une
union de plusieurs sons differents, accordez & chantez ensemble avec art.

Il y a deux sortes d'Harmonies, l'une
parfaite & l'autre imparfaite.

La parfaite est un mélange de trois ou quatre Parties
comme *Dessus, Haute-Contre, Taille & Basse.*

L'imparfaite est celle qui se fait par l'union de deux
Parties seulement, dont j'enseigneray la Composition,
aprés que j'auray expliqué les Consonnances & les
Dissonances que l'on y fait entrer.

Voicy l'explication des chiffres qui servent à connoître les consonances & les dissonances.

Le 1er est regardé comme le principe des autres :
Par le 2. on entend une seconde ; Pas le 3. une tierce ;
Par le 4. une quarte ; Par le 5. une quinte ; Par le 6. une
sixte ou sixiéme ; & par le 7. une septiéme.

Il faut remarquer que ces nombres se doublent &
se repliquent, & se souvenir que le 8. qu'on appelle

octave ſe rapporte à 1; què le 9. qu'on appelle neuviéme ſe rapporte à la ſeconde; le 10. qu'on nomme
dixiéme à la tierce, ainſi du reſte. Pour éviter la con-
fuſion des noms, il faut appeller les repliques du nom
de leurs ſimples.

Dans ces nombres ainſi expliquez, ſont contenuës
les conſonances & les diſſonances.

Les conſonances ſont la tierce, la quinte, la ſixte
& l'octave.

La quarte eſt mixte, parce qu'elle eſt priſe quelquefois pour conſonance, & quelquefois pour diſſonance.

Les conſonances ſe diviſent en conſonances parfaites
& imparfaites ; les conſonances parfaites ſont l'octave
& la quinte, quelques-uns y ajoûtent la quarte; les
conſonances imparfaites ſont la ſixte & la tierce.

L'octave eſt la plus douce de toutes les conſonances,
& la moins harmonieuſe, parce qu'elle a beaucoup
de rapport à l'uniſſon.

La quinte eſt aprés l'octave le plus doux de tous les
accords ; mais elle eſt plus harmonieuſe que l'octave,
comme ayant moins de rapport à l'uniſſon.

La quarte eſt la moins agréable de toutes les conſonances; il y a eu des Auteurs qui l'ont abſolument
deffenduë quand elle eſt contre la Baſſe, & qui n'ont
pas laiſſé toutefois de la reconnoître pour conſonance
entre les Parties ſuperieures.

La ſixte & la tierce ſont des conſonances qu'on appelle imparfaites, parce qu'elles ſe trouvent tantôt
majeures & tantôt mineures.

A l'égard des ſixtes, les mineures ſont plus agréables
que les majeures : quant aux tierces, les majeures
ſont plus harmonieuſes que les mineures, & on peut
même dire qu'elles le ſont plus que toutes les autres
conſonances.

Les diſſonances ſe diviſent en juſtes & en fauſſes.

Les juftes font la feconde, la quarte (quoyque mixte)
& le feptiéme.

Les diffonances fauffes font la feconde fuperfluë,
la feconde diminuée, la tierce fuperfluë & la tierce
diminuée, le triton ou quarte fuperfluë, la quarte
diminuée, la quinte fuperfluë, & la quinte diminuée,
la feptiéme diminuée, l'octave fuperfluë & l'octave
diminuée.

Toutes ces confonances & toutes ces diffonances
fe repliquent ; mais pour éviter la confufion des noms,
j'appelleray les repliques du nom de leurs fimples.

Du Contrepoint.

PAr le terme de Contrepoint , il faut entendre
l'Harmonie, qui eft l'affemblage de deux ou plufieurs voix, ou parties diftantes l'une de l'autre par des
intervalles commenfurables.

La Partie qui chante audeffous des autres dans la
Mufique eft la baze & le fondement des autres Parties,
puifqu'on les bârit fur elle : En effet, les accords ne
font tels ou tels accords, que par le rapport qu'ils ont
avec elle. Par exemple , la tierce n'eft tierce qu'à caufe
qu'elle eft élevée audeffus de la Baffe de trois degrez,
& la quinte que parce qu'elle l'eft de cinq , & ainfi
du refte,

La bonne Harmonie confifte à fçavoir pratiquer
les confonances & les diffonances , parce que les unes
& les autres entrent dans la Compofition.

CHAPITRE SECOND.

Regles pour composer à deux Parties.

IL est à présumer que les Anciens ont fondé les Regles de la Composition sur la variété des accords & sur les mouvements des Parties.

La variété des accords consiste à n'en point faire deux d'une même espéce de suite, comme deux octaves, deux quintes, quand les deux Parties montent ou descendent ensemble.

EXEMPLE.

La variété des mouvements se fait lors qu'une partie monte & que l'autre descend.

Il y a deux sortes de mouvements, sçavoir mouvement semblable & mouvement contraire.

Mouvement semblable, c'est lorsque les deux parties montent ou descendent ensemble; & mouvement contraire, c'est lors qu'une partie monte pendant que l'autre descend, soit par degrez conjoints, soit par intervalle.

Quand on veut composer une Piéce, il est libre de commencer par le Dessus ou par la Basse; mais je croy
qu'il

qu'il y a moins de difficulté à commencer par la Baſſe
& y faire enſuite un Deſſus, que de compoſer une Baſſe
ſur un Deſſus.

Il faut prendre une Baſſe dans un Livre pour y faire
un Deſſus, ou en faire une de ſon genie.

On doit commencer ou par l'Octave, ou par la
tierce, ou par la quinte, rarement par la ſixte ou
par une diſſonance.

On ne commence par la ſixte & par une diſſonance
que pour une Fugue, cela ſe pratique ſur la derniére
partie d'un temps de la meſure.

Quand on ne compoſe qu'à deux Parties, on commence ordinairement par l'octave, & on y finit toûjours.

Pour s'exercer & ſe rendre la Compoſition plus fa-
miliére, il me paroît fort utile de faire d'abord toutes
ſixtes ſur toutes les notes d'une Baſſe qu'on aura ou
faite ou choiſie : En ſecond lieu, de faire toutes tierces :
En troiſiéme lieu, dés tierces & des ſixtes alternativement ; Et enfin, entremêler toutes les conſonances
avec jugement, & conformément aux Regles qui ſeront cy-aprés.

L'uniſſon qui ne rend aucune harmonie, & qui n'a
pas plus de rang dans la Muſique que l'unité dans les
nombres, ne laiſſe pas d'être d'uſage : On s'en ſert
pour commencer & pour finir, & même dans le milieu d'une Piéce, de la même façon que de l'octave ;
mais hors des cadences, on doit les éviter l'une &
l'autre, à moins que ce ne ſoit pour faire de plus
beaux Chants.

C

Exemple de l'Unisson en toutes les Parties.

CHAPITRE III.

Du choix qu'il faut faire de la Quinte ou de la Sixte.

ON doit toûjours se servir de la Quinte sur la derniére note des cadences, & même sur toutes les autres notes d'un Chant, excepté sur la médiante du Mode que l'on traite.

Suivant la modulation d'une Basse, il y a des accords affectez à certaines notes; c'est-à-dire qu'on doit observer quelque corde du Mode que l'on traite, tant dans le Mode majeur que dans le Mode mineur : Par exemple, la Basse d'*ut mi sol ut*, demandera pour accord une Sixte sur le *mi*, qui a du rapport au Mode majeur, & non une Quinte qui ne se trouve pas dans ces quatre notes *ut*, *mi*, *sol ut*; de même la Basse de *ré*, *fa*, *la*, *ré*, demandera pour accord sur le *fa* une Sixte & non une Quinte, qui ne se trouve pas dans ces quatre notes *ré*, *fa*, *la*, *ré*.

EXEMPLES.

Quand les *fa* sont diésez ils passent pour des *mi*, & quand les *mi* ont des bémols ils passent pour des *fa*.

Lorſque l'on commence un autre Chant, on [...] gé de garder la corde du Mode ou du Chant [...] on entre, de même que celuy par où on a commencé.

Quand la Baſſe dit *mi ſol* ou *ſol mi*, on fait ordinairement ſur le *mi* la ſixte, & la tierce ſur l'autre, excepté lorſque la Baſſe vient à deſcendre du *ſol* au *mi* pour monter au *la*; car pour lors il faut faire la quinte ſur le *mi*.

E X E M P L E S.

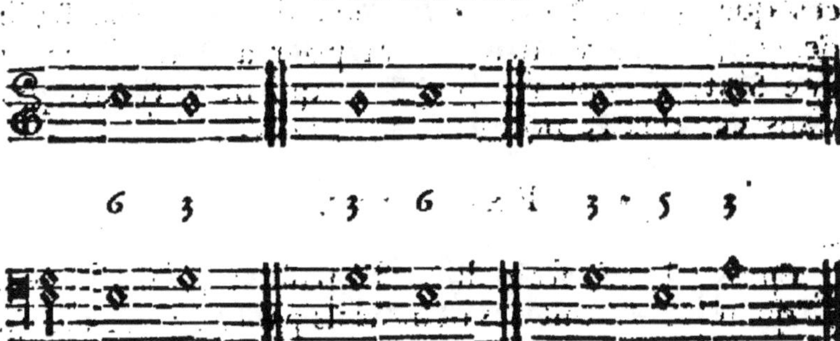

Quand la Baſſe monte ou deſcend d'un demi-ton, comme *mi fa* ou *fa mi*, ou *ſi ut* ou *ut ſi*, ou qu'elle monte ou deſcend par le moyen d'un bémol ou d'un diéſe, ou d'un béquarre, on fait ordinairement le ſixte mineur ſur le *mi* & le *ſi*, &c. Sur l'autre on y fait ordinairement la tierce ou la quinte.

EXEMPLES.

On doit remarquer que les *fa* passent pour des *mi* dans les Piéces transposées ou déclavées, & les *ut* pour des *si.*

EXEMPLES.

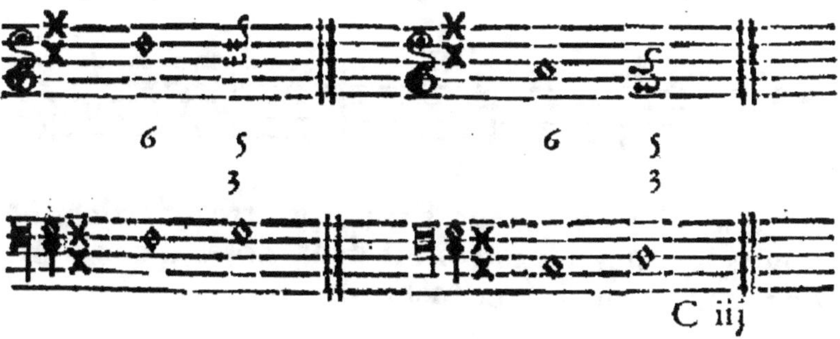

Lorsque la Basse monte d'un demi-ton comme *mi fa* ou *si ut*, on se sert quelquefois de la Sixte majeure sur le *mi*, elle doit être suivie de la majeure ou mineure, comme il est dit cy-après; quelquefois de la tierce, jamais de la quinte ni de l'octave.

EXEMPLES.

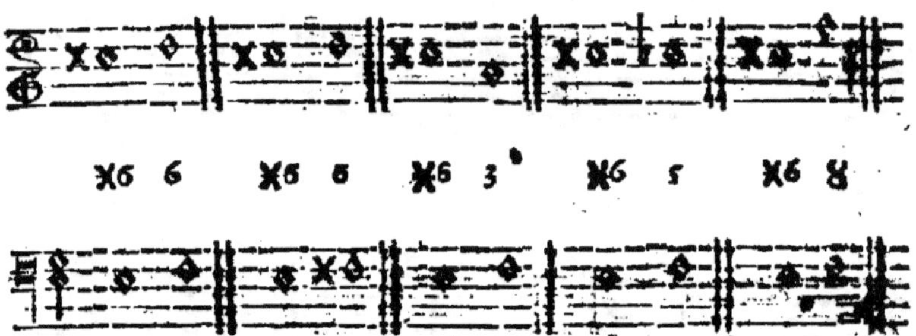

Toutes les consonnances peuvent se suivre les unes & les autres, quand la Partie superieure ne fait point de mouvement.

EXEMPLES.

Toutes les consonances peuvent être précédées & suivies les unes des autres sur deux notes d'une Basse ou plusieurs qui sont en même degré.

EXEMPLES.

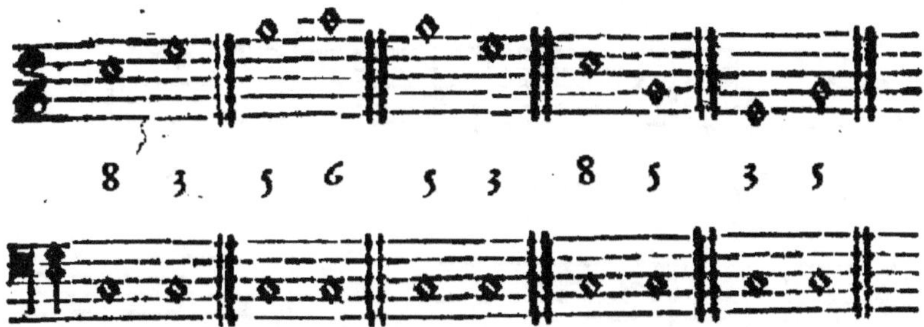

Les sixtes & les tierces se pratiquent ordinairement suivant qu'elles se trouvent naturellement avec les notes de la Basse

On peut repéter deux octaves, deux quintes sur une même note d'une Basse.

EXEMPLES.

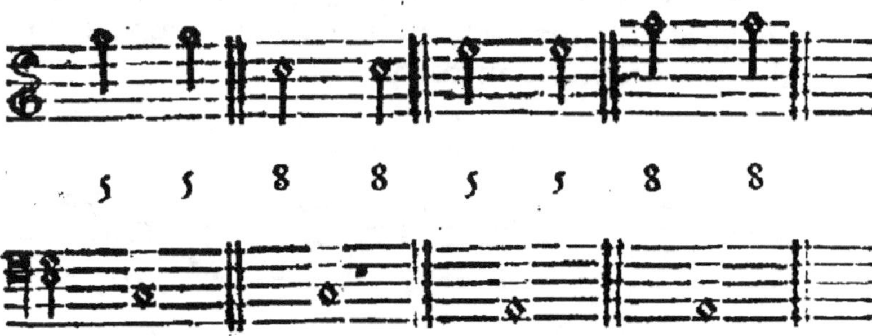

On doit, comme j'ay dit cy-devant, éviter deux octaves & deux quintes de suite, quand les Parties montent & descendent ensemble ; mais à l'égard de deux sixtes ou de deux tierces, soit que les deux sixtes soient mineures, soit que les tierces soient majeures, on affecte souvent de les pratiquer pour la beauté du Chant ou pour l'expression des Paroles.

C iv

EXEMPLES.

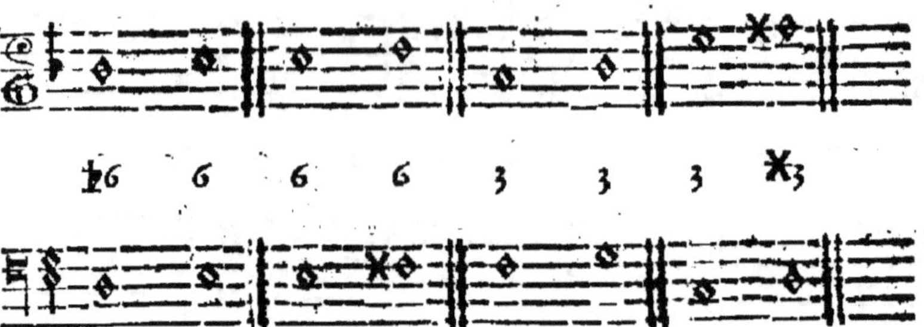

Comme l'on est obligé (quand on Compose pour
les voix) de faire monter & descendre la Partie superieure pour luy trouver du beau Chant, il est necessaire
d'enseigner en détail les consonances qui peuvent se
suivre & ne se suivre pas, suivant les differents mouvements & intervalles de la Basse.

La Quinte peut être précédée & suivie de l'octave,
pourvû que la Partie superieure & la Basse procédent
par mouvement contraire ou que la Partie superieure
procéde par degrez conjoints.

EXEMPLES.

La Quinte peut être précédée & suivie de la sixte,
pourvû que la Basse ne monte ou ne descende que
d'une tierce ou d'une sixte.

EXEMPLES.

L'Octave peut être précédée & suivie de la sixte, pourvû qu'une des deux Parties procéde par degrez conjoints.

EXEMPLE.

La Quinte peut avoir la sixte devant elle, pourvû que la Basse descende seulement d'une sixte.

EXEMPLES.

On ne doit point mettre la quinte aprés la sixte quand la Baſſe deſcend par degrez conjoints, parce que la Partie ſuperieure rempliſſant toûjours ſon intervalle pour faire un Chant plus lié, on trouveroit deux quintes de ſuite.

EXEMPLES.

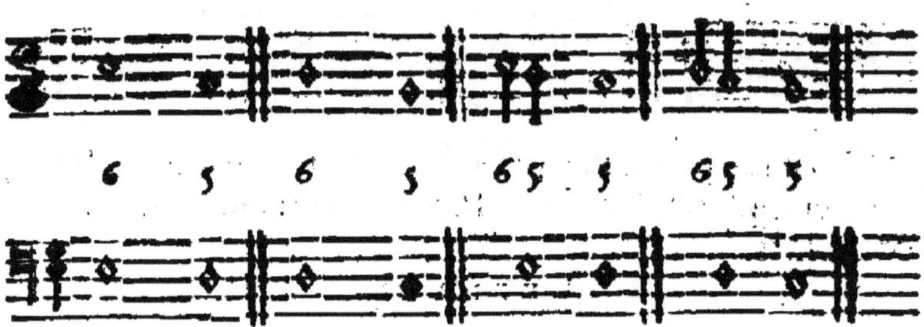

La Quinte peut être précédée & ſuivie de la tierce.

EXEMPLES.

L'Octave peut être précédée & suivie de la tierce,
pourvû que les Parties procédent par mouvement
contraire ou que la Partie superieure aille par degrez
conjoints.

La sixte & la tierce peuvent être mises indifferemment l'une devant l'autre.

E X E M P L E S.

Lorſque la Baſſe procéde par degrez conjoints ou par
intervalle de tierce , & qu'on met la tierce aprés la ſixte ou la ſixte aprés la tierce , il eſt bon d'obſerver que
l'une ſoit majeure & l'autre mineure, comme on le voit
dans les Exemples ſuivans.

Quand on veut, l'on peut remplir tout intervalle de tierce des Parties, en ajoûtant une note qui doit diminuer de moitié la valeur de la précédente, sans avoir aucun égard à la dissonance causée par cette note ajoûtée.

Pour ne rien obmettre de tout ce qu'on peut dire, touchant les consonances qui peuvent se suivre ou ne se suivre pas, on a dressé une Table cy-aprés, où sont renfermez tous les progrés ou intervalles que peut faire la Basse, tant en montant qu'en descendant, & ceux de la Partie superieure avec tous leurs degrés differens ; On verra dans cette Table tous les Accords qui peuvent s'entresuivre, & ceux qui ne le peuvent pas, suivant la maniére des plus habiles Maîtres Modernes de France.

Sur chaque intervalle ou exemple de la Table, il y a une Lettre qui marque la qualité des Accords qui peuvent se suivre, ou ne se suivre pas ; Le B signifie bon, l'M mauvais, & le P passable.

Quand vous serez en doute si une consonance est bonne aprés une autre, vous aurez recours à la Table pour voir si 8. devant 6. est bon, méchant ou passable ; 6. devant 8. de même ; 6. devant 5, & 5 devant 6, & ainsi des autres, suivant les progrés ou intervalles que la Basse fera avec les mouvements des deux parties.

CHAPITRE IV.

Maniére de pratiquer les Accords.

IL y a deux maniéres de pratiquer les Accords sur une Basse ; La premiére est, lors qu'on joue sur la Partie de Basse pour accompagner ; La seconde est, quand on compose pour les voix.

Quand on joüe sur la Basse pour accompagner, les Parties superieures pratiquent tous les Accords qui peuvent être faits sans quitter la corde où ils se trouvent; ou bien elles doivent prendre ceux qu'on peut faire avec le moindre intervalle, soit en montant soit en descendant.

Lorsque l'on compose pour les voix, l'on fait monter & descendre les Parties avec jugement, afin de leur donner du beau Chant par cette varieté.

La premiére maniére de pratiquer les Accords est avantageuse à ceux qui commencent à travailler, pour apprendre en peu de temps les Regles de la Composition.

Exemple de la premiére maniére.

Exemple de la seconde maniére.

Quand la Basse a des notes diesées par accident, on n'y doit faire ni Octave ni Quinte.

On ne se sert guére ni d'Octave ni de Quinte sur les *mi* & les *si* d'une Basse.

Autre Exemple de la premiére maniére.

Autre Exemple de la seconde maniére.

Aprés s'être exercé à faire des consonances sur cha-que note d'une Basse, il sera facile à comprendre com-ment on peut faire plusieurs accords sur une seule note de Basse, parce que ce sont les mêmes regles qu'il faut observer, excepté seulement qu'on est obligé d'employer plusieurs notes de moindre valeur, qui toutes ensemble doivent répondre à la valeur de la seule note de la Basse.

Il faut observer que cette maniére de faire plusieurs consonances sur une seule note est aussi commune à la Basse, & à toutes les autres Parties ; ainsi il est libre au Compositeur de faire un Accord simplement, ou d'en faire plusieurs sur une même note d'une Basse ou d'une autre Partie.

E X E M P L E.

EXEMPLE.

On doit faire des Cadences à la fin des Chants d'une
Piéce.

CHAPITRE V.

De la Cadence à deux Parties.

LEs Cadences dans une Partie de Basse se font par
degrez conjoints ou par degrez disjoints soit à la
finale, à la médiante ou à la dominante; mais la Partie superieure les fait toûjours par degrez conjoints,
ce que j'ay montré dans la premiére Partie de ce
Traité.

Quand la Basse fait ces cadences par degrez conjoints en descendant, l'octave doit être précédée de la
sixte majeure; & quand elle fait ses cadences par degrez conjoints en montant, elle doit être précédée de
la tierce mineure, soit à la finale, soit à la dominante.

Cadence par degrez conjoints à la
note finale du Mode majeur.

Cadence par degrez conjoints à la
dominante du Mode majeur.

D

Quand la Baſſe fait ſes cadences par degrez disjoints, l'octave doit être précédée de la quinte ou de la tierce majeure, ſoit à la finale, ſoit à la dominante.

Cadence par degrez disjoints à la finale.

Cadence par degrez disjoints à la dominante.

Toutes ces Cadences ſe diviſent en Cadence parfaite & imparfaite, ſoit par degrez conjoints, ſoit par degrez disjoints, ſoit à la finale, à la médiante, ou à la dominante.

La Cadence eſt parfaite, lorſque la Partie ſuperieure vient ſe terminer ſur une même corde avec la Baſſe, comme l'on voit dans les Exemples cy-devant.

La Cadence imparfaite, que d'autres appellent rompuë, eſt celle où la Partie ſuperieure ne ſe termine pas ſur la même corde que la Baſſe; c'eſt-à-dire, qu'elle fait un autre accord avec la Baſſe au lieu de faire l'octave, ſoit dans le Mode majeur, ſoit dans le Mode mineur.

Cadence imparfaite par degrez conjoints à la finale du Mode majeur.

Cadence imparfaite par degrez conjoints à la dominante.

Cadence imparfaite par degrez disjoints à la note finale

Cadence imparfaite par degrez disjoints à la dominante.

On doit remarquer que ce font les mêmes regles pour le Mode mineur, que pour le Mode majeur.

La Baffe peut rendre la Cadence finale, médiante & dominante imparfaites, auffi bien que la Partie superieure, l'orfqu'elle ne defcend que d'une tierce, au lieu de defcendre d'une quinte, ou lorfqu'elle ne monte que d'un degré, au lieu qu'elle devroit monter à l'intervalle d'une quarte:Cela s'apprendra affez en voyant les Ouvrages des bons Auteurs.

Cadence par degrez conjoints à la finale du Mode mineur.

Cadence par degrez conjoints à la médiante.

Cadence par degrez conjoints
à la dominante.

Cadence par degrez disjoints
à la finale.

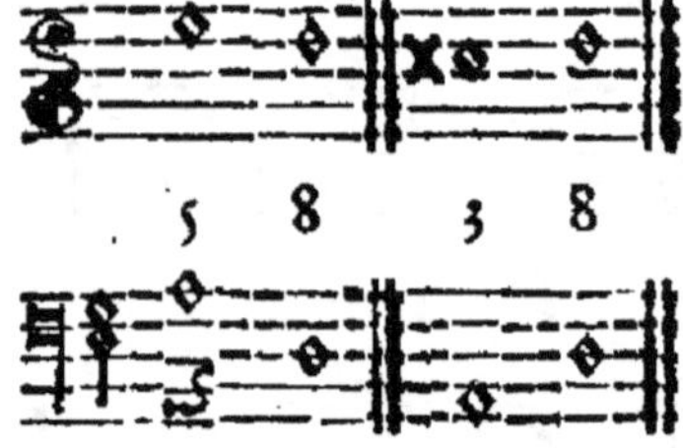

Cadence par degrez disjoints
à la médiante.

Cadence par degrez disjoints
à la dominante.

Toutes ces Cadences se divisent en Cadence parfaite & imparfaite, soit par degrez conjoints, soit par
degrez disjoints, de même que dans le Mode majeur.

Quand je parle des Cadences par degrez conjoints
& par degrez disjoints, je considere en premier lieu
la Basse, par ce que la Partie superieure fait toûjours
ses Cadences par degrez conjoints ; comme il est deja
dit, excepté dans les Cadences imparfaites.

Cadence imparfaite par degrez conjoints à la finale, du Mode majeur.

Cadence imparfaite par degrez conjoints à la médiante.

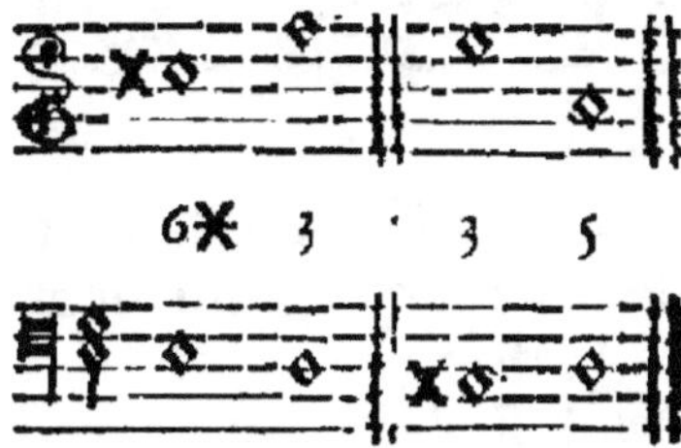

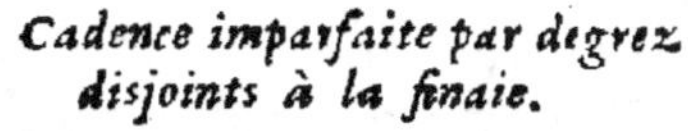

Cadence imparfaite par degrez conjoints à la dominante

Cadence imparfaite par degrez disjoints à la finale.

Il y a encore une sorte de Cadence aussi bien dans le Mode majeur que dans le Mode mineur, qu'on peut appeler irreguliére, qui se fait à la dominante, & qui est toute opposée à celle que la Basse fait par degrez disjoints, parce qu'elle tombe à la dominante d'une quarte seulement, & y monte d'une quinte : Ce que j'ay fait voir en parlant des Cadences cy-devant.

Quand on compose à deux Parties, on fait ordinairement la tierce sur la premiére note de cette Cadence, & la quinte sur la derniére, tant dans le Mode majeur que dans le Mode mineur, Exemple. Quelquefois l'octave sur la premiére, & la tierce sur la seconde.

On peut appeller cette Cadence, si l'on veut, imparfaite, à cause que la Partie superieure ne finit pas sur la même corde avec la Basse.

Cette Cadence sert dans le milieu d'une Piéce pour surprendre agréablement les Auditeurs, en faisant cesser toutes les Parties avec jugement pour les faire reprendre toutes ensemble, ou deux ou trois, l'une aprés l'autre, ou trois ensemble ; Elle peut encore servir à la premiére Partie d'un Air ou d'une Ouverture, de même que la Cadence dominante.

CHAPITRE VI.

Ce qu'il faut observer pour préparer une Cadence.

QUand on veut passer d'un chant à un autre ou faire une Cadence, on doit se servir des tierces ou des sixtes qui approchent le plus du chant ou de la Cadence que l'on veut faire. Par exemple, si l'on vouloit entrer de C *sol ut* en D *la ré*, il faudroit faire la tierce majeure sur le premier *la* de l'Exemple suivant ; au contraire, si l'on vouloit entrer de D *la ré* en C *sol ut*, il faudroit faire la tiere mineure sur le premier *la* dans le second Exemple suivant.

Premier Exemple.

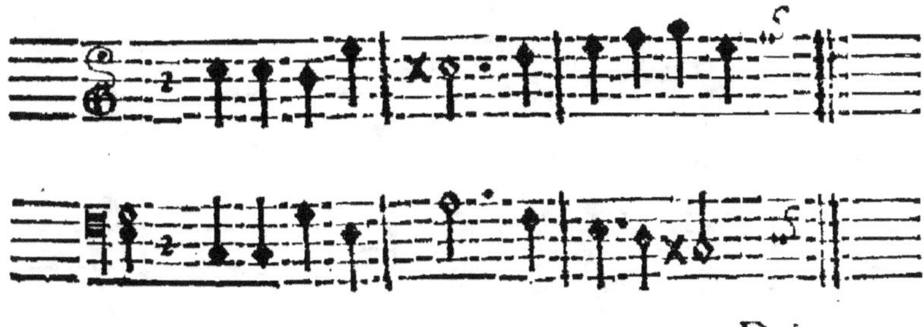

Second Exemple.

Si l'on vouloit entrer d'A *mi la*, tierce mineur, en
G *ré sol*, il faudroit faire la tierce majeure sur le premier
ré de l'Exemple suivant, ou au moins sur le second A.

On doit remarquer que la Basse peut descendre aprés
le *ré* où le Dessus a fait la tierce majeure, d'une tierce
majeure ou d'une tierce mineure.

Quand on sort d'A *mi la* pour faire une Cadence en
F *ut fa*, on est obligé de faire la tierce mineure sur le
sol dans le deuxiéme Exemple, & même sur le *la* qui est
auparavant.

Quand on veut faire une Cadence en E *si mi*, on eſt
obligé de faire la ſixte majeure ſur le *la* le plus proche
de la Cadence, comme l'on voit dans le premier
Exemple.

Quand on veut entrer d'**A** *mi la* en **D** *la ré*, on doit
faire la tierce majeure ſur le premier *la*, comme le ſecond Exemple ſuivant le fait voir.

On eſt obligé de faire la tierce mineure ſur les *ré* du
premier Exemp'e ſuivant.

Sur le premier *mi* du ſecond Exemple on eſt obligé
de faire la tierce majeure.

On doit remarquer que la Cadence d'A *mi la*, qui eft
la Cadence dominante du Mode de D *la ré* mineur,
donne lieu d'entrer dans le Mode de C *fol ut* majeur,
parce qu'elle eft amie de ce Mode.

CHAPITRE VII.

Pratique des Diffonances à deux Parties.

Quoy-que les Diffonances ne foient pas agréables
d'elles-mêmes, on ne laiffe pas de s'en-fervir, On
peut dire qu'elles font un effet prefque auffi admirable
que les Confonances, & qu'elles ont cet avantage
particulier, (étant placées judicieufement) de rendre
la Mufique plus harmonieufe & plus agréable, que
s'il n'y avoit que des confonances toutes feules.

Je ne trouve que trois raifons pour lefquelles on
pratique les Diffonances.

La premiére raifon eft pour en faire entendre toute
la dureté & pour donner par là une expreffion trifte
& lugubre à un Chant, foit qu'il ait des paroles, foit
qu'il n'en ait point.

La feconde raifon eft, pour contribuer à la beauté
du Chant, en ajoûtant une note qui en fait l'orne-

ment, & qui luy donne de l'agrément, laquelle fait Dissonance.

La troisiéme est, pour remplir les intervalles, c'est-à-dire, pour faire un Chant plus lié & plus suivi.

Les Dissonances qu'on pratique pour en faire entendre la dureté, doivent se rencontrer sur le frappé ou sur la premiére partie d'un temps de la mesure ; mais celles qui se font pour la beauté du Chant, ou pour remplir les intervalles, doivent se trouver sur le levé, ou sur la seconde partie d'un temps de la mesure.

L'on ne se sert point de Dissonances qu'elles ne soient préparées, ou par la Partie superieure ou par la Basse.

Les Dissonances qu'on employe pour faire entendre leur dureté, doivent être préparées & sauvées ; Celles qu'on fait pour la beauté du Chant, ou pour remplir les intervalles, doivent être préparées seulement.

Par préparer, j'entens que la Partie qui prepare est obligée d'avoir une note ronde ou deux blanches, ou deux noires ou deux croches en même degré : Et par sauver, j'entens que la même Partie doit descendre par degrez conjoints immédiatement aprés la note ronde, ou aprés les deux blanches, ou les deux noires, ou enfin les deux croches ; c'est-à-dire aprés la Dissonance qui se fait toûjours sur la note préparée, laquelle est la seconde partie de la note ronde, ou la deuxiéme des deux blanches, ou des deux noires, ou des deux croches.

Quand les Dissonances sont préparées & sauvées par la Basse, elles peuvent être précédées & suivies presque de toutes les consonances.

Les Dissonances qui sont préparées & sauvées par la Partie superieure, doivent être suivies naturellement des Accords qui sont au dessous d'elle immédiatement comme la neuviéme doit être suivie de l'octave, la septiéme de la sixte, & la quarte de la tierce.

On diftingue la neuviéme de la feconde dans la Compofition , en ce que la neuviéme fe trouve toûjours fur
la première partie d'une note ronde d'une Baffe , ou
fur la première de deux notes blanches en même degré , de deux noires ou de deux croches ; & que la feconde ne fe trouve que fur la derniére partie de la note
ronde de la Baffe, ou fur la feconde des deux blanches
en même degré , de deux noires , ou de deux croches ,
& de plus en ce qu'elles exigent des accompagnements
differents, comme il en fera parlé dans la Compofition
à quatre Parties.

De la Neuviéme.

LA Neuviéme doit être précédée de la tierce,ou de
la quinte.

Elle doit être précédée par la tierce quand la Baffe
monte par degrez conjoints , & par la quinte quand
elle monte d'une quarte ; elle doit être fuivie de l'octave, comme il eft dit cy-devant.

EXEMPLE.

La Neuviéme peut être encore suivie ou de la sixte,
ou de la quinte, ou de la tierce : Elle doit être suivie de
la sixte, quand la Basse (au lieu de tenir toute la note
ronde, ou d'avoir deux blanches en même degré, ou
deux noires ou deux croches, comme dans les Exemples précédents) monte d'une tierce, Exemple A : Elle
doit être suivie de la quinte quand elle monte d'une
quarte, B, & de la tierce quand elle descend de l'intervalle d'une tierce, C.

Il vaut mieux que la Neuviéme soit suivie de la tierce,
ou de la sixte, que de l'octave & de la quinte, & ainsi
de la seconde & de la septiéme.

On fait ordinairement durer une Dissonance la valeur d'un temps de la mesure pour faire goûter avec
plus de plaisir, la Consonance qui suit ; & la Consonance qui la précéde & celle qui la suit, doivent être
de même valeur que la Dissonance.

De la Seconde, preparée & fauvée par la Baffe.

LA Seconde, preparée & fauvée par la Baffe, peut être précédée & fuivie de toutes les Confonances, excepté qu'elle ne peut point être fuivie de l'octave. Outre que la Seconde peut être fuivie de la quinte, quand la Baffe defcend par degrez conjoints aprés la note ronde ou aprés les deux blanches en même degré, &c. Elle peut être encore quelquefois fuivie de la quinte quand elle defcend d'une quarte aprés la note ronde ou aprés les deux blanches en même degré, &c. comme le cinquiéme Exemple le fait voir.

Elle peut être fuivie de la fauffe-quinte, quelquefois même de la quarte, quand la Baffe defcend d'un demi-ton aprés la note ronde ou aprés les deux blanches en même degré.

EXEMPLE.

Quand on fait quelque Diſſonance pour en faire entendre la dureté (ſoit que la Baſſe, ou la Partie ſuperieure préparent & ſauvent) les deux notes blanches en
même degré ou les deux noires, &c. peuvent être liées
enſemble avec un demi-cercle, comme l'on voit dans
le dernier Exemple cy-devant de la Neuviéme où la
Partie ſuperieure a préparé & ſauvé la Neuviéme, &
dans le dernier Exemple où la Baſſe a préparé & ſauvé
la ſeconde.

Comment on connoîtra ſi les Diſſonances ſont bien préparées & bien ſauvées.

LEs Diſſonances ſeront toûjours bien préparées &
bien ſauvées, quand la note préparée ſoit dans le
Deſſus ſoit dans la Baſſe, (étant ſuppoſée être retran-
chée avec la note qui luy répond) on trouvera que

l'Accord qui précéde cette Diſſonance, & celuy qui
la ſuit ſont bons entr'eux.

Les notes qu'on voit barrées dans les Exemples cy-
aprés, marquent celles qu'on doit ſuppoſer être re-
tranchées dans le Deſſus & dans la Baſſe.

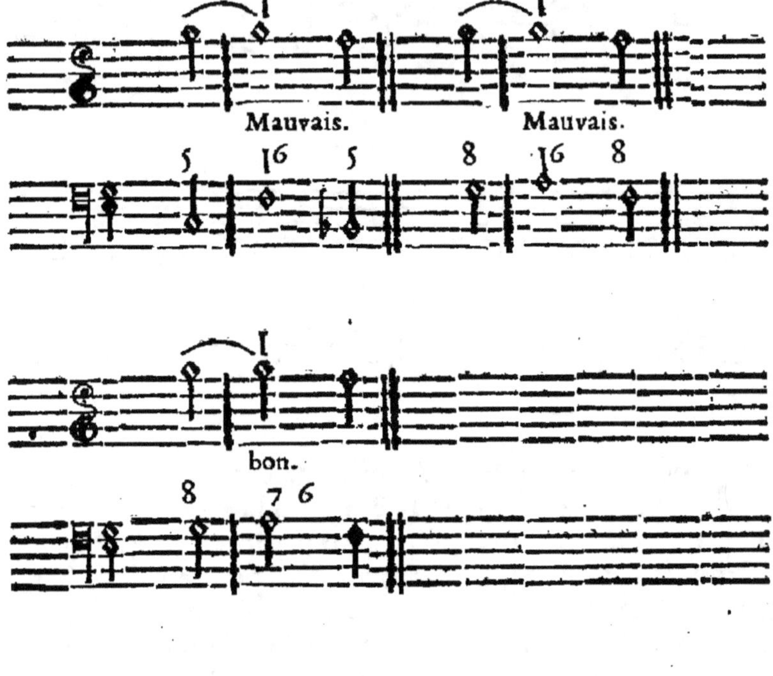

On doit remarquer que le Point tient lieu d'une
note.

Les

Les Diſſonances qu'on pratique pour la beauté du Chant, ou pour remplir les intervalles, doivent ſe trouver ſur le levé, où ſur la ſeconde Partie d'un temps de la meſure : Elles doivent être preparées ſeulement, ſoit par le Deſſus, ſoit par la Baſſe, comme il eſt dit cy-devant.

. Quand on pratique une Diſſonance pour la beauté du Chant, cette note qui fait Diſſonance doit être précédée par une autre note en degré conjoint, ſoit en montant ou en deſcendant dans la même Partie ; & celle qui la doit ſuivre, doit être en même degré, ou monter ou deſcendre d'une tierce : Et lorſqu'on pratique la ſeconde pour remplir quelque intervalle, elle doit être précédée & ſuivie de notes en degrez conjoints, ſoit en montant ou en deſcendant dans la même Partie.

Pratique de la Seconde , pour l'ornement du Chant.

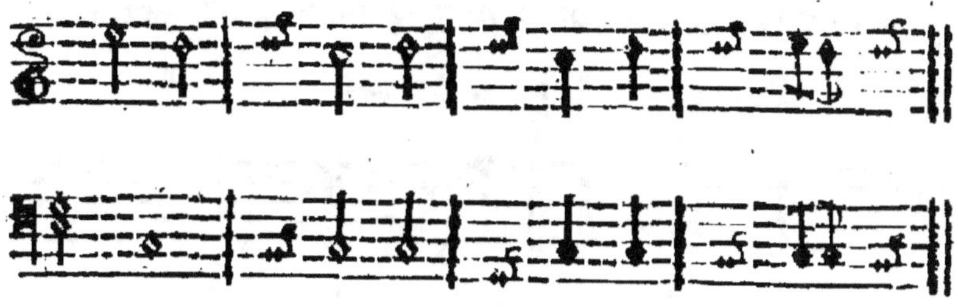

Pratique de la Seconde , en rempliſſant
les Intervalles.

ON pratique aujourd'huy la Seconde superfluë.

EXEMPLE.

De la Quarte préparée & sauvée par la Partie superieure.

LA Quarte préparée & sauvée par la Partie supe-rieure, doit être précédée par l'octave, quand la Basse monte d'une Quinte ou descend d'une Quarte A,

Elle est précédée par la Sixte, quand elle monte d'une
Tierce B ; Elle l'est aussi par la Quinte, quand elle
monte par degrez conjoints C ; elle l'est par la
Tierce, quand elle descend par degrez conjoints D.

La Quarte doit être suivie de la Tierce, rarement
de la Quinte, comme le dernier Exemple le fait voir

De la Quarte preparée & sauvée par la Basse.

LA Quarte préparée & sauvée par la Basse, peut être précédée de tous les Accords & suivie de tous, excepté de l'Octave, à moins que la composition soit à quatre Parties.

EXEMPLE.

La Quarte peut être suivie de la fausse-Quinte, comme le dernier Exemple le montre.

De la Quarte pour l'ornement du Chant.

LOrfqu'on ajoûte quelque note pour la beauté du Chant, la Quarte ne doit point être fuivie de la Quinte non plus que de l'Octave, quand les Parties montent ou defcendent en même temps.

EXEMPLE.

La Quarte peut remplir l'intervalle du Deſſus, quoy qu'elle fe trouve fur le frapé ou fur la premiére partie d'un temps de la mefure.

EXEMPLE.

Quand le Deſſus remplit fon intervalle en montant

E iij

par la pratique du Triton, il doit être précédé de la Tierce, & suivie de la Sixte. EXEMPLE.

Le Triton peut se trouver sur la premiére partie d'un temps de la mesure. EXEMPLE.

Lorsque le Dessus remplit son intervalle en descendant par la pratique du Triton, il doit être précédé & suivi de la Tierce. EXEMPLE.

Il peut être quelquefois précédé de la Quarte.

EXEMPLES.

On peut aussi remplir les Intervalles de la Basse par la pratique du Triton ; c'est à-dire-qu'on peut mettre *ré ut si*, au lieu de dire simplement *ré si*, &c.

EXEMPLE.

Quand on remplit les intervalles de la Basse, le Triton peut être précédé de la Tierce mineure, comme l'on peut voir dans le premier Exemple cy-devant.

Lorsque la Basse fait une Cadence par degrez conjoints, le Triton peut être suivi de la Tierce & de la Quinte.

EXEMPLE.

Du Triton preparé & sauvé par la Basse.

LE Triton preparé & sauvé par la Basse, peut être
precédée de tous les Accords, mais il doit être
suivi de la Sixte, soit majeure ou mineure.

EXEMPLE.

Quand le Triton est precedé de la Tierce, elle doit
être majeure.

La Baſſe doit toûjours deſcendre aprés le Triton, ſoit d'un ton ou d'un demi-ton.

Le Triton eſt quelquefois ſuivi de la fauſſe-Quinte, & la fauſſe-Quinte du Triton.

EXEMPLE.

Le Triton ſe pratique encore quand la Baſſe monte ou deſcend par degrez conjoints.

EXEMPLE.

De la fauſſe-Quinte.

LA fauſſe-Quinte préparée & ſauvée par la Partie ſuperieure, peut étre précédée de tous les Accords & ſuivie de la Tierce, ſoit majeure ou mineure.

EXEMPLE.

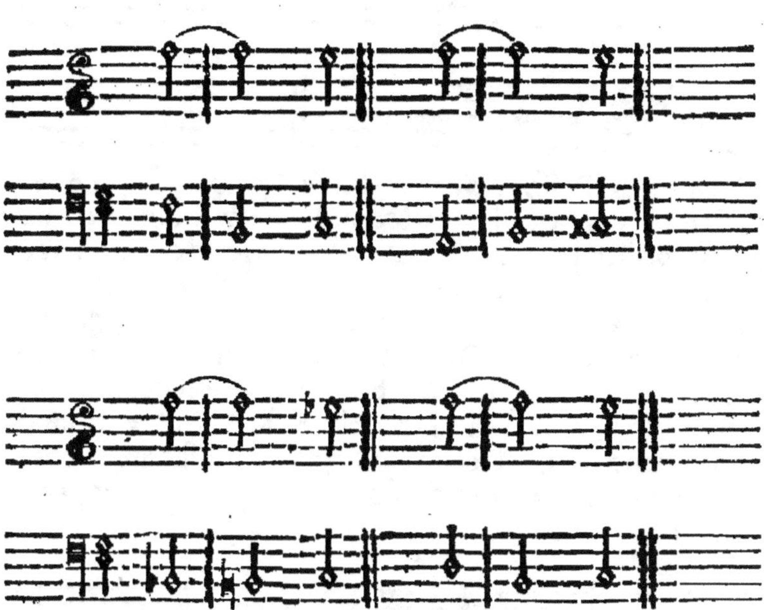

Aprés la fausse-Quinte la Basse doit toûjours monter par degrez conjoints , soit d'un ton ou d'un demi-ton.

La fausse-Quinte peut être pratiquée aussi sur le levé ou sur la seconde partie d'un temps de la même mesure pourvû qu'elle soit préparée, ou par la Basse ou par le Dessus , toûjours suivie de la Tierce.

EXEMPLE.

Quand la Baſſe deſcend d'une Quarte, la fauſſe-Quinte ſe pratique ſur la ſeconde note quoy qu'elle ne ſoit point préparée, & eſt ſuivie de la Tierce comme on le voit au dernier Exemple cy-devant.

La fauſſe-Quinte peut être ſuivie de l'Octave, quand la Baſſe monte d'une Quarte au lieu de monter par degrez conjoints A ; mais c'eſt à quatre Parties.

La Fauſſe-Quinte peut être ſuivie de la Sixte, quand elle deſcend d'une Tierce, & qu'elle deſcend encore d'une autre Tierce, au lieu de monter par degrez conjoints B.

On peut faire deux Quintes de ſuite ; ſçavoir une juſte & une diminuée, quand les Parties procédent par degrez conjoints, ou par mouvement contraire.

EXEMPLE.

De la Quinte superfluë.

LA Quinte superfluë se pratique sur une note d'une Basse, quand elle monte ou descend d'un demi-ton, ou qu'elle descend d'une tierce : Quand elle monte d'un demi-ton, elle peut être précédée de l'Octave ou de la tierce A & B ; & quand elle descend d'une tierce ou d'un demi-ton, elle ne peut être précédée que de la Septiéme C & D.

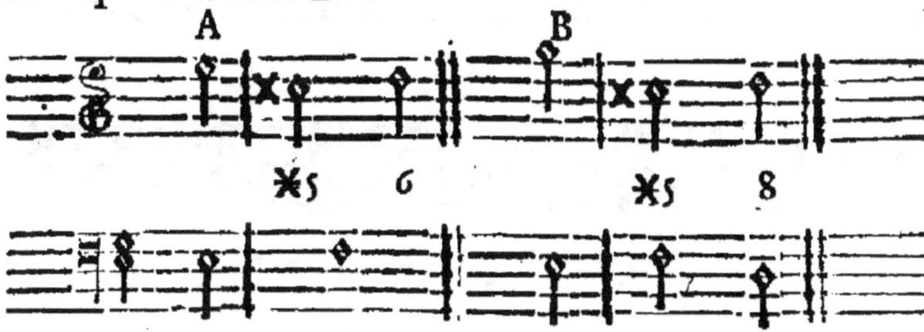

La Quinte superfluë doit être suivie de la Sixte ou de l'Octave.

De la Septiéme, préparée & sauvée par le Dessus.

LA Septiéme préparée & sauvée par la Partie superieure, doit être précédée par l'octave, quand la Basse monte par degrez conjoints, soit d'un ton ou d'un demi-ton A & B : Elle doit l'être par la tierce, quand la Basse monte d'une quarte C : Par la Quinte, quand elle monte d'une sixte D : & par la sixte, lorsqu'elle descend par degrez conjoints E : Elle doit être suivie de la sixte comme il est dit cy-devant.

La Septiéme peut être quelquefois suivie de la tierce & de la quinte.

EXEMPLE.

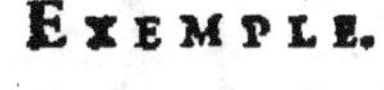

La Septiéme peut encore être suivie de la tierce &
de la quinte ; Elle peut être suivie de la tierce, quand la
Baſſe (au lieu de tenir toute la noté ronde) monte
d'une quarte, ou deſcend d'une quinte : Elle peut être
ſuivie de la quinte , quand la Baſſe (au lieu de tenir
toute la note ronde) monte par degrez conjoints.

EXEMPLE.

La Septiéme ſe pratique encore, pourvû qu'elle ſoit
préparée par la Baſſe.

EXEMPLE.

De la Septiéme, pour la beauté du Chant.

LA Partie superieure en remplissant l'intervalle d'u-
ne tierce peut faire la Septiéme, quoy qu'elle se
trouve sur le frapé ou sur la premiére partie d'un temps
de la mesure : La Basse le peut aussi.

EXEMPLE.

La Septiéme majeure, mineure, superflue & diminuée, se pratiquent comme on le voit dans les Exemples suivants.

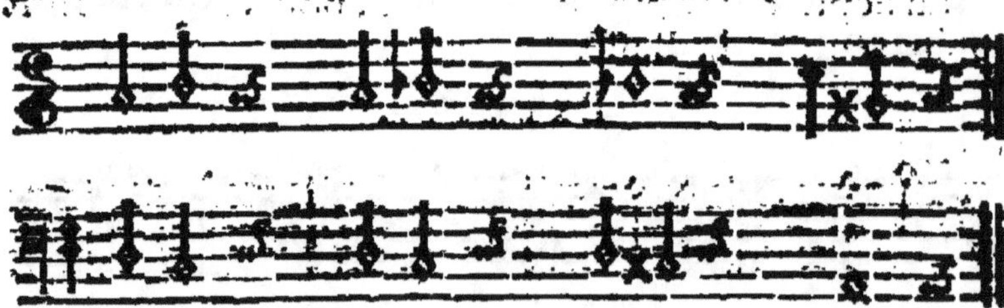

Les Dissonances qui servent à remplir l'intervalle
d'une tierce & à donner quelque ornement au Chant,

entrent tres fréquemment dans toutes sortes de Piéces; mais les autres qui sont préparées & sauvées par la Basse ou par la Partie supérieure, ne se pratiquent qu'avec discrétion & en certaines occasions à cause de leur dureté : Il faut donc que le sujet ou les paroles l'éxigent ; Elles sont plus d'usage quand l'on veut terminer une Cadence que dans la suite d'un Chant, & plus convenables au Mode mineur, qu'au Mode majeur.

La Basse suivante qui a servi cy-dessus pour s'exercer dans la premiére maniére de pratiquer les Accords, est rapporté exprés icy, pour pareillement s'exercer à y faire des Dissonances, à cause que la premiére Pratique conduit & enseigne naturellement à faire des Dissonances.

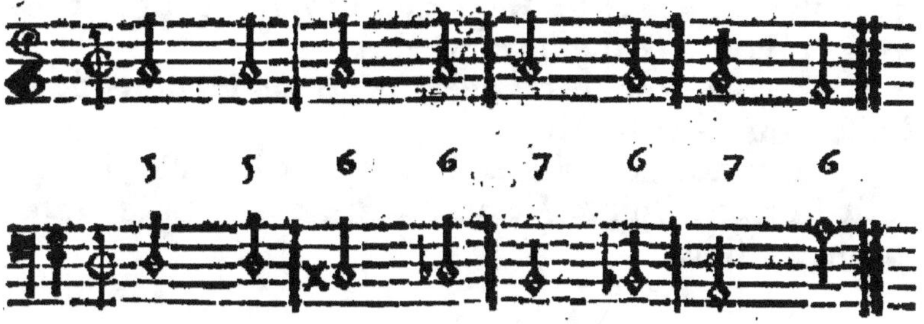

Autre Exemple.

Quoy que je ne parle que du Deſſus & de la Baſſe,
en parlant de la Compoſition à deux Parties, cela
n'empêche pas qu'on ne puiſſe faire une Muſique pour
deux Deſſus, pour deux Haute-Contre enſemble, ou
pour une Haute-Contre & une Taille, & enfin pour
toutes les Parties ; Mais j'avertis que la Partie la plus
baſſe doit être le fondement des autres.

CHAPITRE VIII.

Regles de la Compoſition à trois Parties.

LEs Parties ſuperieures doivent chacune en particulier obſerver les Regles cy-devant à deux Parties
avec la Baſſe ; & même entr'elles.

La Tierce doit ſe trouver ſur toutes les notes de la
Baſſe, ou bien la Sixte.

Quand une Partie fait la Tierce avec la Baſſe, l'autre
doit faire la Quinte A : ou la Sixte B : mais plus rarement la Sixte.

Lorſqu'on pratique la Quarte entre les Parties ſuperieures,

perieures, comme dans le troisiéme Exemple cy-devant, elle est prise pour Consonance ; mais il faut éviter d'en faire deux de suite.

Pour donner lieu aux Parties superieures de s'entre-
suivre à la tierce ou à la sixte, il est plus avantageux
de faire marcher la Basse par intervalle que par degrez
conjoints.

Quand la Basse marche par intervalle de quinte ou
de quarte, les Parties superieures doivent aller par
degrez conjoints; & quand elle va par intervalle de
tierce, les Parties superieures peuvent aller par degrez
conjoints ou par intervalle de quarte.

Lorsque la Basse monte par degrez conjoints, les
Parties superieures peuvent aussi descendre par degrez
conjoints d'une quinte ou d'une tierce.

EXEMPLE.

Composition à trois Parties.

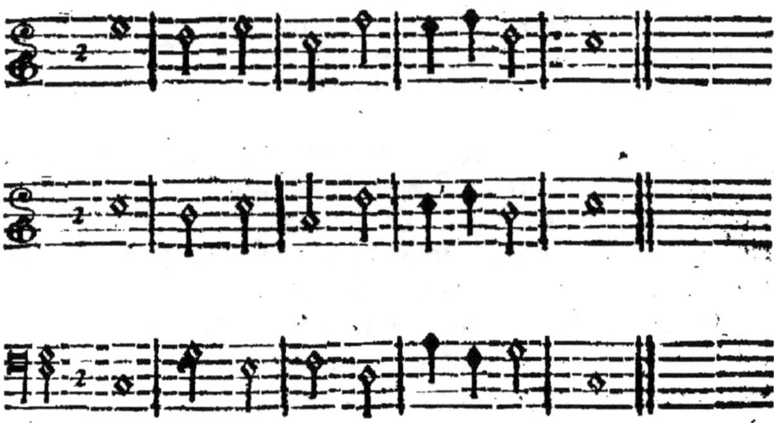

ON se contente souvent , pour donner lieu aux Parties superieures de s'entre-suivre à la tierce ou à la sixte, de faire seulement la tierce ou la sixte avec l'octave sur quelques notes de la Basse.

Une Partie superieure ne doit pas finir par la sixte; mais elle peut y commencer quelquefois.

Les trois Parties se terminent ordinairement à la fin d'une Cadence à l'Octave ou à l'Unisson, on peut aussi les y faire commencer si l'on veut.

Pratique des Dissonances à trois Parties.

DE LA NEUVIE'ME.

LA Neuviéme doit être accompagnée de la tierce A, quelquefois de la septiéme B, ou de la quinte C, & même de la quinte superfluë D.

De la Seconde.

LA Seconde doit être accompagnée de la quarte.

EXEMPLE.

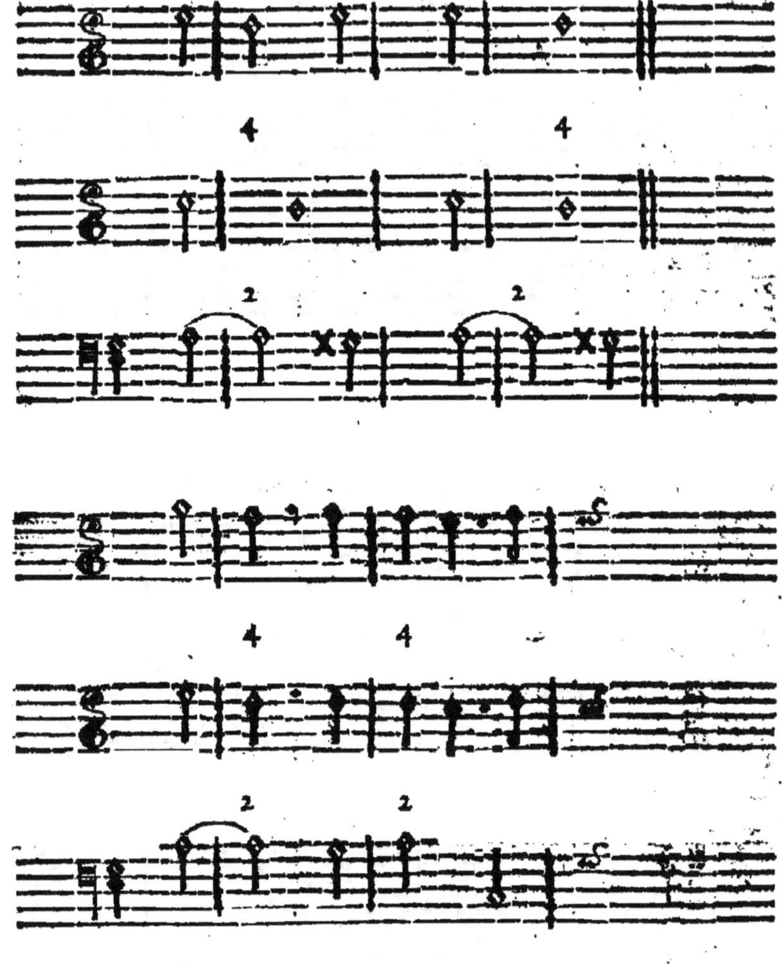

De la Quarte.

LA Quarte fur la premiére partie d'une note d'une
Baſſe doit être accompagnée de la quinte, quelquefois de la ſixte.

EXEMPLE.

La Quarte sur la deuxiéme partie d'une note ronde,
ou sur la deuxiéme de deux notes en même degrez,
soit blanche ou noire, doit être accompagnée de la
sixte, quelquefois de la seconde,

EXEMPLE.

Quand une Partie superieure fait le triton, l'autre
doit faire la sixte.

EXEMPLES.

La fausse-quinte doit être accompagnée de la tierce.

EXEMPLES.

Quand une Partie fait la quinte, soit la juste soit la
diminuée, l'autre peut faire la sixte, pourvû que la
Partie qui fait la quinte ait eû une autre consonance en
même degré devant elle, & qu'elle en ait encore une
en degrez conjoints en descendant.

EXEMPLES.

Quand une Partie fait la Septiéme fur la premiére partie d'une note d'une Baſſe, l'autre doit faire la tierce, quelquefois la quinte.

EXEMPLES.

Quand une Partie fait la Septiéme fur la feconde
partie d'une note ronde, ou fur la deuxiéme de deux
blanches, ou noires ou croches en même degré, elle
s'accompagne ordinairement de la quinte, quelquefois de la tierce

E X E M P L E S.

TRIO.

CHAPITRE IX.

Regles de la Composition à quatre Parties.

LEs Parties superieures doivent chacune en particulier observer les Regles à deux Parties avec la Basse, & même entr'elles : De plus, il se doit toûjours trouver sur toutes les notes de la Basse, une tierce, une quinte, & une octave : ou une tierce, une sixte, & une octave, mais plus rarement.

Pratique des Accords quand la Basse monte.

QUand la Basse monte d'un ton, la Partie qui a fait octave sur la premiére note de la Basse fait la Quinte ou la Sixte, sur la note suivante La Partie qui a fait la tierce, doit faire l'octave ; & celle qui a fait la quinte fera la tierce A

On doit faire la sixte au lieu de la quinte sur la premiére note de la Basse, quand elle monte d'un demiton B.

EXEMPLE.

A   B

Lorſque la Baſſe monte d'une tierce majeure ou
mineure, la Partie qui a fait l'octave ſur la premiére
note doit faire la quinte ſur la ſeconde, quelquefois
la ſixte : Celle qui a fait la tierce doit faire l'octave,
& l'autre qui a fait la quinte, fera la tierce.

EXEMPLES.

Quand la Baſſe monte d'une quarte, la Partie qui a
fait l'octave fait ordinairement la quinte aprés, quelquefois la tierce : Celle qui a fait la tierce fait ordinairement l'octave, quelquefois la quinte; & l'autre
qui a fait la quinte fait ordinairement la tierce, &
quelquefois l'octave C.

Lorſque la Baſſe monte d'une quinte, la Partie qui
a fait l'octave fait la tierce : Celle qui a commencé par

la tierce doit faire la quinte ; & l'autre qui a fait la quinte fera l'octave D.

Enfin, lorſque la Baſſe monte d'une ſixte, la Partie qui a commencé par l'octave doit faire la tierce : Celle qui a fait la tierce fait encore la tierce ; & l'autre qui a fait la quinté doit faire la ſixte E.

EXEMPLES.

Pratique des Accords quand la Baſſe deſcend.

QUand la Baſſe deſcend d'un ton, la Partie qui a commencé par l'octave doit faire la tierce enſuivant : Celle qui a fait la tierce fait la quinte ; & l'autre qui a fait pour l'ordinaire la quinte & quelquefois la ſixte, fera l'octave F.

Quand la Baſſe ne deſcend que d'un demi-ton, la Partie qui a fait l'octave fera la tierce : Celle qui a commencé par la tierce doit faire la ſixte enſuite ; & l'autre qui a fait la quinte doit faire la ſixte G.

Quand la Baſſe fait une cadence par degrez conjoints, on ſe ſert ordinairement de la ſixte ſur la première note de la cadence H.

EXEMPLE.

Lorſque la Baſſe deſcend d'une tierce majeure, la Partie qui a fait l'octave doit faire la tierce. Celle qui a commencé par la tierce, ordinairement fait la quinte quelquefois la ſixte ; & l'autre qui a fait la quinte fera l'octave I.

On peut ſe ſervir de la ſixte au lieu de la quinte ſur la premiére note de la Baſſe K.

Quand la Baſſe deſcend d'une tierce mineure, la Partie qui a fait l'octave doit faire la tierce comme cy devant : Celle qui a commencé par la tierce fera la fauſſe quinte ou la juſte ; & l'autre qui a fait la quinte fera la ſixte ou l'octave L.

EXEMPLE.

Quand la Basse descend d'une quarte, la Partie qui
a commencé par l'octave doit faire la tierce. Celle qui
a fait la tierce doit faire la quinte ; & celle qui a fait
la quinte fera l'octave M.

Lorsque la Basse descend d'une quinte, la Partie qui
a fait l'octave fait la quinte : Celle qui a commencé par la tierce fera l'octave ; & l'autre qui a
fait la quinte doit faire la tierce, quelquefois l'octave N.

Enfin, quand la Basse descend d'une sixte, la Partie
qui a commencé par l'octave demeure sur le même degré pour faire la sixte : Celle qui a fait la tierce fera la
sixte ; & l'autre qui a fait la quinte doit faire la tierce O.

EXEMPLE.

M   N   O

On double quelquefois la quinte, mais il faut faire
toûjours la tierce.

Quand on fait la sixte au lieu de la quinte on peut
la doubler, mais rarement la tierce.

Sur une note diéfée d'une Basse on n'y fait ni quinte,
ni octave, on double la sixte ou la tierce.

On doit éviter l'Unisson avec la Basse, & entre les
Parties superieures.

Pratique des Diſſonances à quatre Parties.

Quand une Partie finit à la tierce, elle eſt ordinairement majeure.

De la Neuviéme.

Quand une Partie fait la Neuviéme, une autre doit faire la tierce, & l'autre la quinte A.

De la Seconde.

Quand une Partie fait la Seconde, une autre doit faire la quarte ou le triton A, & l'autre la ſixte B, on la met quelquefois avec la quinte? mais c'eſt lorſque la Seconde eſt précédée de la tierce majeure C.

De la Seconde ſuperfluë.

Quand une Partie fait la Seconde ſuperfluë, une autre doit faire le triton, & l'autre la ſixte D.

Il est bon d'avertir que le précédent Exemple, de même que ceux qui suivent à quatre Parties, ont été composez pour l'Orgue; cependant comme ils peuvent aussi servir pour les Voix, on a séparé les quatre Parties.

De la Quarte.

QUand une Partie fait la Quarte sur la premiére partie d'une note de la Basse, une autre doit faire la sixte ou la quinte, & l'autre l'octave; Et quand c'est sur la deuxiéme partie, une autre doit toûjours faire la sixte, & l'autre la seconde.

EXEMPLES.

G

Du Triton.

QUand une Partie fait le Triton, une autre doit
faire la sixte, & l'autre la seconde A.

EXEMPLES.

Quand la Basse fait une cadence par degrez conjoints, le Triton doit être accompagné de la sixte &
de l'octave B; il doit être encore accompagné de la
sixte & de l'octave, quand la Basse descend d'une quarte C, ou qu'elle demeure en même degré D.

Le Triton s'accompagne quelquefois de la tierce E.

De la fauſſe-Quinte.

QUand une Partie fait la fauſſe-Quinte contre la Baſſe, une autre doit faire la tierce & l'autre la ſixte, pourvû qu'elle monte enſuite par degrez conjoints F; mais quand elle monte à l'intervalle d'une quarte G, ou qu'elle deſcend à celuy d'une tierce H, au lieu de monter par degrez conjoints, comme dans les premiers Exemples, elle doit être accompagnée de la tierce & de l'octave : Cela ſe trouve dans quelque Opera.

De la *Quinte superfluë*.

Uand une Partie fait la Quinte superfluë, une autre doit faire la septiéme ou la neuviéme, & l'autre la tierce I. Elle se met encore avec la septiéme & la neuviéme, lorsque la Basse a trois notes en degrez conjoints en descendant.

De la *Septiéme*.

Uand une Partie fait la Septiéme, soit sur la premiére partie d'une note de la Basse, soit sur la seconde, une autre Partie doit faire la tierce, & l'autre la quinte L, quelquefois l'octave M; la septiéme diminuée s'accompagne seulement de la tierce & de la quinte N.

La septiéme superfluë doit être accompagnée de
la seconde & de la quinte O, quelquefois de la sixte
& de la quinte P.

Pour compoſer à cinq & à ſix Parties.

LEs Parties ſuperieures doivent chacune en particulier obſerver les Regles du Contrepoint avec la
Baſſe, & même entr'elles, comme dans la Compoſition à quatre Parties : Ce qu'il y a à ajoûter, c'eſt qu'il
faut doubler quelqu'un des Accords.

A cinq parties on double plûtôt la quinte que l'o-
ctave, rarement la tierce.

A ſix Parties on double la quinte & l'octave, quelquefois la tierce.

Pratique des Diſſonances à cinq & à ſix Parties.

LA Quinté ſuperfluë, ni la Quinte diminuée, ni le
Triton ne ſe doublent point ; le dernier peut être
doublé ſur la premiére note d'une cadence, comme
il eſt marqué à la lettre B, cy-devant.

Les Diſſonances qui ſe font ſur la premiére Partie
d'une note de la Baſſe ne ſe doublent jamais.

Pour chiffrer la Baſſe-Continuë.

IL n'eſt pas beſoin de chiffrer la Baſſe-Continuë,
quand il ne ſe rencontre que des tierces, des quintes
& des octaves, parce que c'eſt l'harmonie ordinaire
que les Inſtruments touchent ſur chaque note de la
Baſſe ; mais lorſqu'il ſe trouve quelque ſixte, quarte,
triton, quinte diminuée, quinte ſuperfluë, ou quelques autres diſſonances, on eſt obligé de les marquer
avec les conſonances qui les ſauvent.

Le nombre n'êtant pas toûjours ſuffiſant de ſoy-
même de marquer la qualité de l'accord ou de la diſſonance, qu'il eſt neceſſaire de déſigner, il faut ajoûter
un diéſe au chiffre pour faire connoître préciſément

que c'eſt une tierce majeure, ou une ſixte majeure, triton, quinte ſuperfluë, &c. ou un bémol pour ſignifier une tierce ou une quinte, ou une ſixte mineure, &c.

CHAPITRE X.

De la Fugue.

LA Fugue eſt un Chant qui doit être répété ou Limité par une Partie ou par pluſieurs; ce qui ſe fait par le moyen de quelques pauſes que l'on donne à une Partie.

J'en diſtingue de quatre ſortes.

La premiére ſe peut appeller parfaite reſſemblance ou répétition du même Chant; Ce qui ſe fait quand une Partie répéte à l'uniſſon ou à l'octave ce qu'une autre a chanté auparavant.

La ſeconde eſpéce de Fugue eſt une ſimple imitation de Chant : Je l'appelle ainſi, dautant que la ſeconde Partie imite le Chant de la premiére à la diſtance d'une quarte ou d'une quinte.

La troiſiéme s'appelle Contre-Fugue, ou Fugue renverſée, & c'eſt un chant qui va par oppoſition à un autre, ce qui ſe fait quand une Partie ſuit l'autre par des mouvements oppoſez.

La quatriéme, qu'on appelle double Fugue, eſt la répétition de deux Chants differents, ce qui ce fait quand deux Parties reprennent ce que deux autres ont commencé en même temps, ou peu aprés l'une l'autre.

La Fugue eſt un Chant qui doit avoir quatre ou cinq notes ou environ, leſquelles doivent être ſur les cordes eſſentielles du Mode que l'on traite.

Il n'importe point que ce soit le Deſſus ou la Baſſe qui a commencé.

La Fugue doit commencer à la note finale ou à la dominante, rarement à la médiante.

Il n'y a point de difficulté dans la premiére eſpéce de Fugue, tant pour la commencer que pour la continuer, ſoit qu'on la commence à la note finale, ou à la dominante, ou à la médiante, parce qu'il eſt évident que la ſeconde Partie doit répéter les mêmes notes de la même valeur, ſous le même ſigne qui marque le mouvement de la meſure.

Dans la ſeconde eſpéce de Fugue, quand la premiére Partie commence de la finale pour monter à la médiante, la ſeconde doit procéder de la dominante par dégrez conjoints en montant A, quelquefois de la dominante à une tierce; au contraire, ſi la premiére Partie procéde de la dominante par degrez conjoints, la ſeconde procédera de la finale à la médiante B.

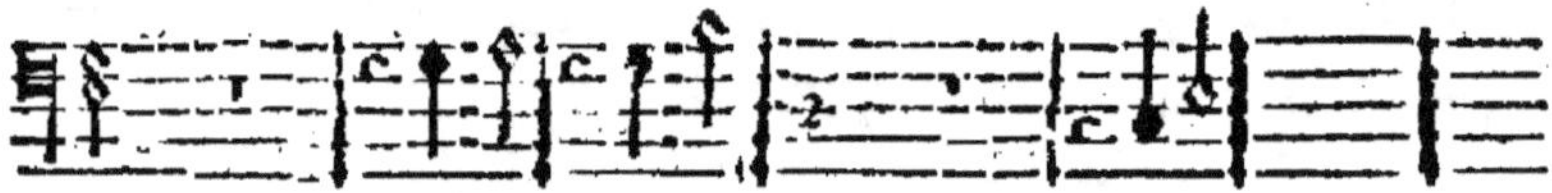

Quand la premiére Partie commence de la finale pour monter à la dominante, la ſeconde doit commencer de la dominante pour monter à la finale C; au contraire, ſi la premiére commence de la dominante à la finale, la ſeconde doit commencer de la finale à la dominante D.

S'il arrive que la premiére Partie procéde de la médiante à la dominante, la ſeconde procédera de la note au deſſous de la finale par degrez conjoints E, ou fi la premiére Partie procéde de la note au deſſous de la finale par degrez conjoints, la ſeconde procédera de la médiante F.

La Fugue paroît facile à pratiquer en commençant par degrez diſjoints ; mais comme elle peut être commencée par degrez conjoints, où les notes eſſentielles ſont entrelacées d'autres notes immédiates qui ne ſont pas eſſentielles au Mode, il faut regler ſi bien la Fugue, que la premiére partie de chaque temps de la meſure, ne vienne point à tomber ſur les notes entrelacées qui ne ſont pas eſſentielles.

Si la premiére Partie procéde de la finale à la médiante par degrez conjoints, la ſeconde Partie commencera par la dominante, & fera deux notes en même degré : Et ſi la premiére commence à la dominante faiſant deux notes en même degré, la ſeconde Partie montera de la finale à la médiante.

ou

Lorſqu'une Partie procéde de la finale à la dominante par degrez conjoints, la ſeconde Partie doit commencer par la dominante, & fera deux notes en même degré, avant que de monter à la note finale : Et si la première commence à la dominante, faisant deux notes en même degré avant que de monter à la finale, la seconde Partie montera de la finale à la dominante par degrez conjoints.

S'il arrive que la première Partie procéde de la médiante à la dominante par degrez conjoints, la seconde Partie commencera par la note au dessous de la finale, & fera deux notes en même degré avant que de monter à la finale : Et si la première commence à la note au dessous de la finale, faisant deux notes en même degré avant que de monter à la finale, la seconde Partie procédera de la médiante à la dominante par degrez conjoints.

Sans qu'il soit besoin de faire tout le détail des progrés que doivent faire en descendant les Parties qui s'entresuivent par la seconde espéce de Fugue, les Exemples qui suivent sont suffisants pour les enseigner;

parce que c'eſt à proprement parler, le renverſement des progrés en montant, cy-deſſus expliquez.

ou
ou

Il faut prendre garde de faire trouver dans la seconde Partie le demi-ton de la Fugue (quand elle en a un) sur une semblable note qu'il est dans la premiére Partie ; c'est-à-dire, que si le demi-ton s'est trouvé dans la premiére Partie à la troisiéme note, il doit être placé aussi à la troisiéme note dans la seconde Partie.

Quoy que j'aye réduit tous les Exemples de la Fugue au Mode majeur, il est necessaire de dire qu'il n'y a rien de different pour le Mode mineur, & que les progrés se pratiquent de la même maniére.

Pour pratiquer la premiére espéce de Fugue.

IL faut donner à la deuxiéme Partie autant de notes qu'à la premiére, de la même valeur, sous le même signe qui marque le mouvement de la mesure, & remplir ensuite d'accords le nombre des notes de la Fugue qui sont marquées avec des chiffres au dessus ou au dessous des Exemples.

Pour pratiquer la deuxiéme eſpéce de Fugue.

IL faut donner à la deuxiéme Partie autant de notes
qu'à la premiére, faiſant obſerver à la ſeconde Partie les progrés qu'elle doit faire, en conſequence de
ceux que la premiére aura fait, comme il eſt enſeigné
cy-devant: Il faut enſuite remplir d'accords le nombre
des notes de la Fugue, de même que dans la précédente Fugue.

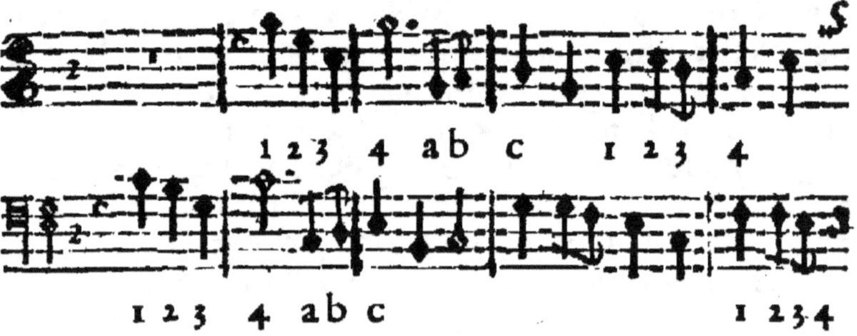

Les notes du rempliſſage de la premiére Partie peuvent ſervir à faire un autre ſujet de Fugue, & ainſi en
continuant ſi l'on veut: C'eſt ce qui fait que j'ay marqué avec des lettres de l'Alphabet, chaque endroit où
commence le nouveau ſujet de Fugue.

On fait ceſſer toutes ces Fugues aux Parties quand on
veut, pour les faire aller enſemble, On recommence
enſuite de nouvelles Fugues, pour donner à une Piéce
l'idée d'un Ouvrage bien travaillé, & aprés qu'une
Partie a marché quelque temps la premiére, on fait
reprendre le devant à une autre à ſon tour.

Je ne diray rien des progrés que doivent faire les
Parties, lorſqu'on travaille la Contre-Fugue ou Fugue
renverſée: Les Exemples qu'on en trouvera cy aprés
& dans les Auteurs, en donneront un éclairciſſement
ſuffiſant, auſſi bien que de la double Fugue.

Quand on travaille fur une Fugue pour plufieurs Parties, il 'eft plus d'ufage que ce foit le Deffus qui la commence qu'une autre Partie, puis la Haute-Contre, enfuite la Taille , & ainfi des autres Parties ; Et en ce cas, la troifiéme Partie doit répéter la même chofe qui a été chantée par la premiére ; la quatriéme Partie reprend auffi ce qui a été chanté par la feconde , & ainfi des autres. Toutes les Parties peuvent reprendre alternativement ce que les unes & les autres ont chanté, autant de fois qu'on le juge à propos.

Quoy-que j'ay dit, cy-devant, qu'une feconde Partie qui prend la Fugue doit faire deux notes en même degré , lorfque la premiére a procédé de la finale à la médiante par degrez conjoints ; Il y a cependant des rencontres où il vaut mieux que la feconde Partie procéde par degrez conjoints comme l'autre , qu'elle faffe deux notes en même degré ; Ce qui s'apprendra par l'ufage & par un jufte difcernement.

Exemple de la Fugue à trois Parties.

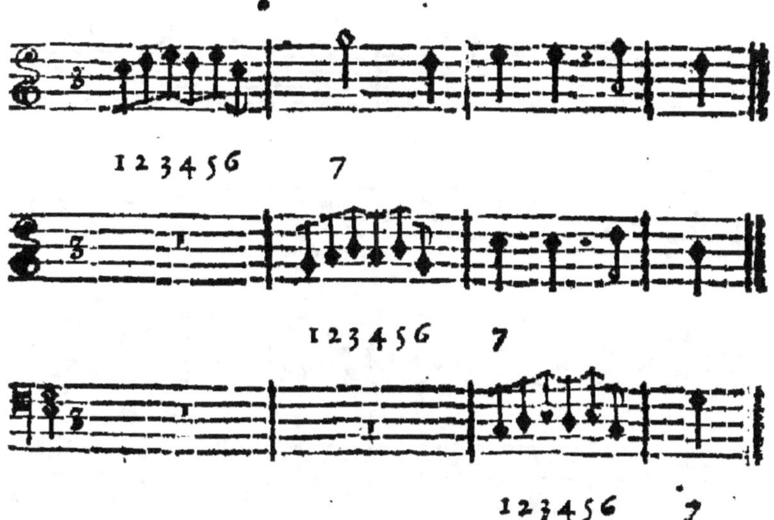

Fugue à trois Parties.

H

Double Fugue à quatre Parties.

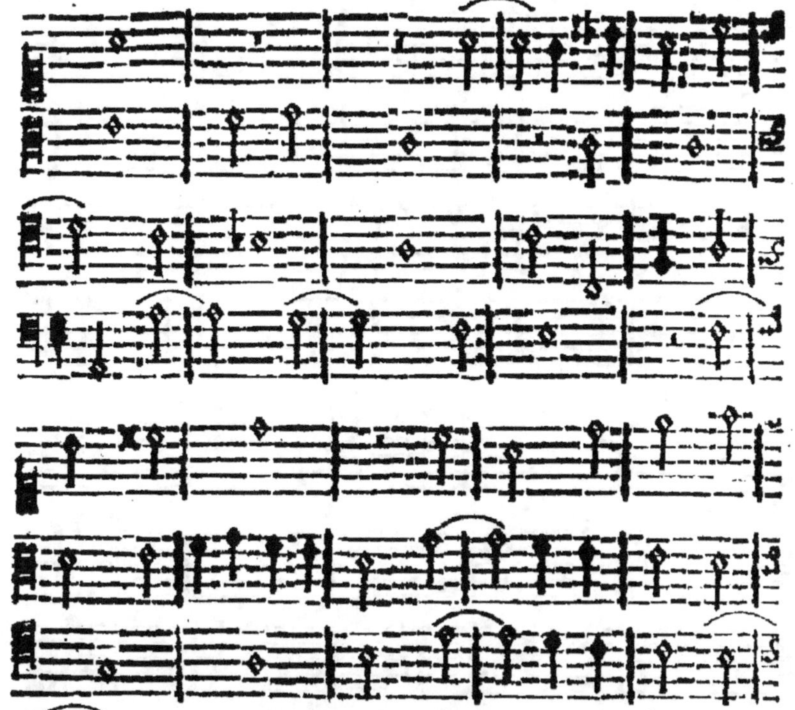

H iij

7 6 7   6

Il m'a semblé que je ne pouvois mieux finir cet Ouvrage, qu'en donnant une idée de ce qui peut contribuer à la beauté & à la perfection d'une Piéce de Musique.

On peut dire que le secret de donner de l'agrément à une Piéce, consiste dans une varieté bien ménagée avec addresse; mais les choses particulieres qu'on peut mettre en usage pour produire cette varieté, sont:

1°. Les differents mouvements de la mesure, parce qu'ils font un effet agréable par leur succession. Ceux même des Parties; c'est-à-dire, qu'il est bon de faire aller une Partie lentement, pendant qu'une autre marche gayement.

2°. L'usage judicieux des Dissonances, pour faire mieux goûter la douceur des Consonances.

3°. Les Récits pour donner aux belles voix la liberté de se faire entendre avec plaisir.

4°. Le silence des Parties, en les faisant cesser toutes avec jugement, pour surprendre agréablement les Auditeurs.

5°. Les r'entrées, en faisant commencer les Parties les unes aprés les autres, par le secours des Fugues, ou en faisant chanter seulement deux voix à la tierce ou à la sixte, ce qui paroît souvent agréable.

6°. L'ordre & le mélange des Cadences, pour donner à l'oreille le plaisir qu'elle attend naturellement de la suite d'un Chant.

7°. La variété des Modes, pour relever & animer une Piéce : car non-seulement il est permis dans un Ouvrage d'étenduë, de passer du béquarre au bémol, c'est-à-dire du Mode majeur au Mode mineur; Mais il est encore necessaire d'en user ainsi, parce qu'il se rencontre quelquefois des Paroles qui ne peuvent être bien exprimées, qu'en changeant tout d'un coup de Mode.

8°. Les Echos ont une beauté particuliére, quand les Paroles donnent naturellement l'idée d'en faire.

L'Echo est une répétion de Chant qui se fait à l'Unisson de cinq notes en cinq notes ou environ, par des voix séparées & éloignées des autres. Il est plus d'usage pour les Instruments, comme l'Orgue & les Violons, que pour les Voix.

9°. On doit toûjours faire entendre le Sujet par les Voix & par les Instruments, le plus distinctement qu'il est possible, particuliérement dans les Symphonies; c'est-à-dire, qu'aucune Partie de Violon ne doit jamais passer au dessus du Sujet, comme aux Menuets, Gavotes, Ouvertures, &c.

Fin de la seconde Partie.

TABLE AJOUTE'E POUR APPRENDRE A COMPOSER,
suivant l'Instruction page 46.

Table ajoûtée

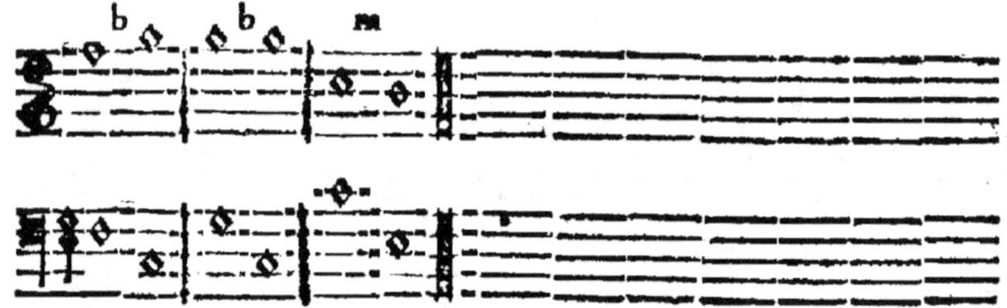

8 3   8 3
3 8 3 8

6 6 6 6
à 4. parties.
6 5 6 5

Fin du Traité.

9 782329 770512